G 692
882

Les Musiciens Célèbres

MÉHUL

AF453290

par René BRANCOUR

LES MUSICIENS CÉLÈBRES

MÉHUL

LES MUSICIENS CÉLÈBRES

COLLECTION D'ENSEIGNEMENT ET DE VULGARISATION

Placé sous le Haut Patronage de l'Administration des Beaux-Arts

DIRECTEUR : M. ÉLIE POIRÉE,

Conservateur Adjoint à la Bibliothèque Sainte-Geneviève.

Parus :

Auber, par Ch. Malherbe.

Berlioz, par Arthur Coquard.

Beethoven, par Vincent d'Indy.

Bizet, par Henry Gauthier-Villars.

Boieldieu, par Lucien Augé de Lassus.

Chopin, par Élie Poirée.

Félicien David, par René Brancour.

Glinka, par M. D. Calvocoressi.

Gluck, par Jean d'Udine.

Gounod, par P.-L. Hillemacher.

Grétry, par Henri de Curzon.

Hændel, par Michel Brenet.

Hérold, par Arthur Pougin.

La Musique Chinoise, par Louis Laloy.

La Musique des Troubadours, par Jean Beck.

Liszt, par M.-D. Calvocoressi.

Lully, par Henri Prunières.

Méhul, par René Brancour.

Mendelssohn, par P. de Stoecklin.

Meyerbeer, par Henri de Curzon.

Mozart, par Camille Bellaigue.

Paganini, par J.-G. Prod'homme.

Rameau, par Lionel de la Laurencie.

Reyer, par Adolphe Jullien.

Rossini, par Lionel Dauriac.

Schubert, par L.-A. Bourgault-Ducoudray.

Schumann, par Camille Mauclair.

Verdi, par Camille Bellaigue.

Weber, par Georges Servières.

MÊME LIBRAIRIE

Histoire de la Langue Musicale, par Maurice Emmanuel, 2 vol. in-8°, avec 683 exemples musicaux . . . . **15 fr.**

ÉVREUX, IMPRIMERIE CH. HÉRISSEY, P. HÉRISSEY, SUCC.

LES MUSICIENS CÉLÈBRES

MÉHUL

PAR

RENÉ BRANCOUR

Conservateur du Musée du Conservatoire National de Musique
et de Déclamation.

BIOGRAPHIE CRITIQUE

ILLUSTRÉE DE DOUZE PLANCHES HORS TEXTE

PARIS

LIBRAIRIE RENOUARD

HENRI LAURENS, ÉDITEUR

6, RUE DE TOURNON (VIe)

Tous droits de traduction, de reproduction et d'adaptation
réservés pour tous pays.

A MADAME ROSAMOND

de la Comédie-Française.

MÉHUL

Méhul est un très grand maître,
un de ceux qui font le plus d'honneur à l'École Française.

(C. Saint-Saëns)

I

LES ANNÉES DE DÉBUT. — HOFFMAN. — *EUPHROSINE.* — *STRATONICE.* — *MÉLIDORE ET PHROSINE.*

« C'est une jolie ville que Givet, propre, gracieuse, hospitalière, située sur les deux rives de la Meuse, qui la divise en grand et petit Givet, au pied d'une haute et belle muraille de rochers dont les lignes géométriques du fort de Charlemont gâtent un peu le sommet. » Ainsi s'exprimait Victor Hugo, en 1842, dans une de ses lettres du *Rhin*. Après avoir tracé une amusante caricature d'un clocher dont l'architecte « devait être Flamand », il continue par une charmante et poétique évocation de la petite ville contemplée au crépuscule, et l'achève en une vision du croissant lunaire, digne d'être citée, même après la fin de *Booz endormi*[1]. Il y a

[1] Il se pourrait bien que les deux dernières strophes de l'immortel poème fussent une « cristallisation » définitive de l'esquisse tracée vingt

loin de cette appréciation favorable à celle que donnait, au XVII° siècle, un poète anonyme, dont la muse, étrangement farouche, situait Givet parmi « des rochers escarpés, une plaine stérile, une terre aride, des sommets affreux. Le soleil, obscurci de honte et de colère », fuyait « ce sombre climat, ces froides contrées et ces lieux détestés ». Remplaçons ces épithètes un peu trop rudes par l'image d'une rêveuse mélancolie répandue sur tout le paysage, et nous aurons une idée assez juste de la ville où naquit Méhul le 22 juin 1763. Son père y exerçait les fonctions de maître d'hôtel du comte de Montmorency avant d'y devenir simple restaurateur.

Le jeune Étienne-Nicolas[1] témoigna de précoces dispositions pour la musique. Un vieil organiste du couvent des Récollets devint son premier professeur. Le second fut un remarquable musicien allemand : Guillaume Hanser, qui, appelé à l'abbaye de Laval-Dieu par les religieux Prémontrés, y occupait le poste d' « inspecteur du chœur », ou, si l'on veut, de surintendant de la musique. Organiste et contrapuntiste, il dirigeait en outre les études musicales de huit élèves, parmi lesquels Méhul se distingua rapidement. Même il se montra digne de suppléer son maître et « toucha

---

ans plus tôt par le poète : « Le croissant... si fin, si pur et si délié, qu'on eût dit que Dieu nous laissait entrevoir la moitié de son anneau d'or » est devenu « le croissant fin et clair », et l'anneau entrevu s'est transformé en « faucille d'or ».

[1] Et non Étienne-Henry, comme on l'a souvent écrit à tort. M. A. Pougin a rectifié cette erreur d'après l'acte de baptême de Méhul.

sur l'orgue du P. Hanser » ainsi que le rapporte naïvement un témoignage contemporain.

Comme il en devait advenir pour Gounod, Méhul crut se sentir une sérieuse vocation religieuse, à laquelle la médiocrité de sa santé l'obligea de renoncer. Sous quelles influences et par quels motifs se décida-t-il à partir pour Paris? On l'ignore. Toujours est-il qu'il y arriva en 1778 ou 1779, ne possédant, si nous en croyons un de ses biographes, que ses *seize ans*, sa *vielle* et l'*espérance*. Recommandé à Gluck il eut la chance de contempler le maître au milieu des transports de l'inspiration, tour à tour écrivant, déplaçant des meubles, chantant et mimant des airs de ballet. Il reçut de l'illustre musicien le plus cordial accueil et lui dut d'assister à la répétition générale d'*Iphigénie en Tauride*. De là une impression profonde dont la trace ne devait jamais s'effacer, ainsi qu'en témoigne l'œuvre entier de Méhul.

Si d'ailleurs celui-ci ne fut pas à proprement parler l'élève de Gluck, du moins est-il probable qu'il eut avec lui « des entretiens pendant lesquels le grand homme lui aura exposé ses larges et puissantes idées sur la poétique du drame lyrique tel qu'il le concevait, et les sentiments qui l'avaient amené à opérer la réforme par laquelle il a rendu son nom immortel » [1]. Enfin, c'est vraisemblablement par Gluck que son juvénile admirateur entra en relation avec le musicien Edelmann et devint son élève. Edelmann qui, en dépit d'allégations peu

[1] Arthur Pougin : *Méhul*.

fondées, semble avoir été la double victime de la Révolution d'abord et des anecdotiers ensuite, passait pour un musicien fort distingué et bien digne de former un tel disciple. Celui-ci fit ses débuts devant le public parisien le 17 mars 1782, en produisant au Concert spirituel une ode sacrée dont les paroles étaient dues à Jean-Baptiste Rousseau. Cette composition fut accueillie avec une faveur marquée. Elle accompagnait sur le programme un motet de Lesueur, par lequel le futur auteur des *Bardes* débutait également.

Sans nous arrêter à un recueil de trois sonates pour le clavecin publié en 1783, nous mentionnerons, comme témoignage de la vocation scénique de Méhul, deux opéras : *Psyché* et *Anacréon*, pour lesquels il avait utilisé d'anciens poèmes, puis un troisième : *Lausus et Lydie*, écrit sur un livret spécialement élaboré par Valadier. Aucun vestige n'en est parvenu jusqu'à nous.

Un concours ayant été institué en 1784, dans le but louable de provoquer l'éclosion de bons poèmes de tragédies lyriques, comédies lyriques et ballets, trois triomphateurs se virent couronnés *ex-æquo*. L'un d'eux était l'auteur de *Lausus* qui confia aussitôt à Méhul le livret de sa victorieuse *Cora*. Mais cette œuvre ne devait pas attendre moins de six années sa présentation au public, grâce à l'encombrement causé par le nombre inquiétant des poèmes proposés, et auquel l'administration se promettait d'obvier par de sévères revisions.

Cependant Méhul, sans se laisser décourager par les

MAISON NATALE DE MEHUL A GIVET

ennuis de l'attente, continuait d'écrire : De nouvelles sonates et une scène lyrique : *Philoctète à Lemnos* occupèrent des instants qu'il eût préféré consacrer à une œuvre théâtrale. C'est alors qu'il rencontra un jeune écrivain, plein de talent, d'ardeur et d'audace, devant qui nous devons nous arrêter un moment : François Hoffman.

Nourri de fortes études classiques, apte à traduire en un style ferme et souple tout ensemble des pensées logiques et des doctrines arrêtées, Hoffman possédait en outre un esprit acéré, une verve ironique dont les traits impitoyables savaient toujours frapper l'adversaire au défaut de la cuirasse. « Personne, écrivait Arnault, n'apportait dans la discussion une dialectique plus subtile et plus serrée. » Son caractère était noble et son ombrageuse fierté le faisait justement comparer à l'*Alceste* de Molière. Il n'avait point flatté Napoléon empereur, il n'accabla point Napoléon déchu. D'ailleurs il avait traversé sans faiblir les tourmentes de la Révolution. Au triste et plat Pétion qui voulait lui faire supprimer d'une comédie un passage offensant ses oreilles ultra-chatouilleuses, il répondit : « J'écouterais des conseils, mais non des ordres : je ferais plutôt mille mauvais vers qu'une bassesse. »

Le conditionnel était inutile : il ne fit jamais de bassesse, mais, au cours de ses quarante-quatre pièces représentées de 1786 à 1806, les mauvais vers ne sont point assez rares. La prose lui seyait mieux et il fut un intéressant et amusant critique. Sans doute on doit regretter que son orthodoxie classique demeurât rebelle aux beautés nouvelles qui éclairaient l'horizon poétique, et nous ne prétendons pas justifier certaines appréciations sur *les Martyrs*. Mais, ces réserves faites, comment ne pas applaudir à l'indignation généreuse qui lui fait fustiger « les petits talents à grande prétention, les manœuvres qui se croient ouvriers, les artisans qui se disent artistes, les faiseurs de poétiques *ad libitum*, les hurleurs de mélodrames, les fabricants de pointes, les parfumeurs du Parnasse, les petits-neveux de Tabarin ». Je transcris ces lignes, d'abord comme spécimen de la manière d'Hoffman, et aussi pour l'instruction de maints auteurs contemporains qui pourront s'y reconnaître.

Telle est, en deux coups de crayon, la physionomie du plus fidèle des collaborateurs de Méhul, à qui il donna son premier livret d'opéra-comique.

La couleur en était sombre, la forme un peu trop compacte — rien que des alexandrins —. Il s'agissait d'un tyran véritablement complet, puisqu'il ajoutait à ses nombreux défauts un absolu dédain de l'amour. Néanmoins l'irrésistible petit dieu finit par le vaincre, et la belle Euphrosine, après mille dangereuses traverses, se fait aimer, et qui plus est, pour le bon motif, car elle est dûment épousée par le farouche Coradin.

Représentée à la Comédie-Italienne le 4 septembre 1790, *Euphrosine ou le tyran corrigé* rencontra un grand et légitime succès. Méhul fut placé, dans le jugement d'Arnault, « entre le Corneille et le Molière de la musique, entre Gluck et Grétry ». Ce dernier louait particulièrement un duo, dit « de la jalousie », dont l'intensité d'expression est véritablement merveilleuse : « Ce duo, disait l'enthousiaste auteur de *Richard Cœur de lion*, vous agite pendant toute sa durée; l'explosion qui est à la fin *semble ouvrir le crâne des spectateurs avec la voûte du théâtre*. Dans ce chef-d'œuvre, Méhul est Gluck à trente-trois ans; *je ne dis pas Gluck lorsqu'il avait cet âge*, mais Gluck expérimenté, et lorsqu'il avait soixante ans, avec la fraîcheur du bel âge. »

Longtemps après Grétry, Berlioz s'exprimait, au sujet de cette œuvre, en des termes plus véhéments encore. Il ne craignait pas de la considérer comme le chef-d'œuvre de Méhul, et en louait à la fois « la grâce, la finesse, l'éclat, le mouvement dramatique et des explosions de passion d'une violence et d'une vérité effrayantes ». Le « prodigieux duo : *Gardez-vous de la jalousie*, est resté le plus terrible exemple de ce que peut l'art musical uni à l'action dramatique, pour exprimer la passion. Ce morceau étonnant est la digne paraphrase du discours d'Iago : « Gardez-vous de la jalousie, ce monstre aux yeux verts, » dans l'*Othello* de Shakespeare[1] ». Pour qui connaît le culte que professait Berlioz à l'égard du grand Will, ce rapprochement seul indiquerait le plus haut degré d'admiration. D'ailleurs, lorsqu'il entendit pour la première fois *Euphrosine*, ne lui arriva-t-il pas de causer un « étrange scandale

---

[1] Berlioz : *Les Soirées de l'orchestre*, deuxième épilogue.

par un *cri affreux* » que lui fit jeter la péroraison du dramatique duo? C'est ainsi qu'un Jeune-France se devait à lui même d'exprimer son enthousiasme, tout ainsi qu'il exprimait son indignation en lançant une partition dans l'orchestre, en renversant des pupitres ou en crevant la peau des timbales[1]. La foi qui n'agit point, est-ce une foi sincère?

Le succès d'*Euphrosine* se traduisit par trente-deux représentations en sept mois, après quoi l'ouvrage fut remanié. La 33e audition est en effet mentionnée ainsi sur les registres du théâtre : « 33e d'*Euphrosine*, avec un 3e acte nouveau. »

L'infortunée *Cora* profita du succès d'*Euphrosine*. Montée prestement après six ans d'attente, on la représenta le 15 février 1791. La chute en fut complète et irrémédiable, grâce à la faiblesse du livret que ne put racheter le réel mérite de la partition. Méhul ne s'en découragea point, et continuant avec Hoffman une collaboration si heureusement commencée, offrit au Théâtre Favart une « comédie héroïque », dont le sujet doit être bien propre à toucher les cœurs français, si l'on en juge par les nombreux ouvrages lyriques qu'il a inspirés.

Stratonice, jeune princesse grecque, va devenir l'épouse du roi de Syrie, Séleucus Nicator, en dépit de l'amour profond qui l'unit à Antiochus, fils du roi. Les deux amants sont résignés. Mais le prince se meurt

[1] Berlioz : *Mémoires*, t. I.

littéralement d'amour. Son père s'en aperçoit et généreusement sacrifie « sa flamme » à celle d'Antiochus. La noble et simple grandeur du poème convenait particulièrement au génie de Méhul qui s'y montra dans toute son harmonieuse plénitude. *Stratonice* est, en effet, un pur chef-d'œuvre.

Jouée pour la première fois au Théâtre Favart le 3 mai 1792, cette œuvre, reçue d'abord par le public avec une sorte de gêne respectueuse, ne tarda pas à être accueillie comme elle le méritait; une interprétation excellente y contribua d'ailleurs et les jugements de la presse furent en général aussi encourageants qu'équitables. Le poète aussi recueillit sa part de louanges, et le critique du *Mercure* ne craignit pas d'affirmer que « dans le petit nombre de vers » composant cette pièce se trouvaient « un grand nombre de vers charmants ». L'explication de cette formule incombe aux mathématiciens. Mais il est vrai que les vers d'Hoffman sont très honorables et que l'on y surprend parfois comme un vague reflet de poésie Racinienne :

> Eloignez vous de moi ; laissez-moi la douceur
> De n'avoir que moi seul témoin de ma souffrance (?)
> *C'est en secret que j'aime à répandre des pleurs.*
> La solitude et le silence
> Sont mes plus chers consolateurs.

Ailleurs le jeune soupirant nous dit :

> Je voudrais être seul, seul au fond des forêts,
> Je voudrais m'y cacher à la nature entière;
> Du jour même, du jour je fuirais la lumière, etc.

Et nous ne pouvons alors nous dissimuler que Phèdre avait exprimé des sentiments analogues dans un langage encore préférable.

Chargé de composer la musique d'un ballet, c'est-à-dire de réunir par d'adroites coutures des lambeaux d'airs déjà entendus, Méhul s'en acquitta avec autant d'habileté que de goût, et *le Jugement de Paris* « musique de Haydn, Pleyel et du citoyen Méhul », présenté sur la scène de l'Opéra le 6 mars 1793, fut chaudement applaudi. Gardel, auteur du scénario chorégraphique, loua généreusement, dans son avant-propos, les danseurs et les machinistes, et n'oublia que le musicien.

Le 28 du même mois parut, au Théâtre Favart, *le Jeune sage et le Vieux fou*, un seul acte dont Hoffman encore avait écrit les paroles. Aussitôt après Méhul s'adonna à l'élaboration d'un drame lyrique en trois actes : *Mélidore et Phrosine*, en collaboration avec ce spirituel Arnault qui, malgré son ardent royalisme, demeura cependant fidèle à Napoléon et fut exilé par les Bourbons. Ses tragédies sont bien mortes, mais il leur survivra par sa délicieuse élégie de la *Feuille* et par quelques fables piquantes.

C'est à sa plume alerte que nous devons le récit des tribulations de *Mélidore*. L'ouvrage fut d'abord soumis à l'examen des censeurs, dont l'étroitesse d'esprit égalait le civisme. « Le citoyen Baudrais », nous conte l'auteur, « à qui j'avais remis mon ouvrage, me le rendit quelques jours après. Il n'y avait rien trouvé que d'innocent, ce

MÉHUL VERS L'ÂGE DE TRENTE ANS

(Collection de M. Arthur Pougin).

que je conçois. « Mais ce n'est pas assez », ajouta-t-il,
« qu'un ouvrage ne soit pas contre nous, il faut qu'il soit
pour nous. L'esprit de votre opéra n'est pas républicain ;
les mœurs de vos personnages ne sont pas républicaines ;
le mot liberté n'y est pas prononcé une seule fois. Il
faut mettre votre opéra en harmonie avec nos institu-
tions[1]. »

« Legouvé me tira d'embarras. A l'aide d'une douzaine
de vers placés à propos, il amena dans mon drame le
mot *liberté* assez souvent pour satisfaire aux exigences
du citoyen Baudrais, et la représentation de *Phrosine*
fut permise[2]. » Mais il fallait davantage, et probablement
« payer une contribution patriotique en monnaie frappée
au coin de la république », — en d'autres termes écrire
un ouvrage républicain. De là naquit *Horatius Coclès*,
dont la gestation ne demanda que dix-sept jours. Méhul
qualifiait lui-même de *musique de fer* celle qu'il consacra
aux mânes de l'illustre borgne, lequel partageait frater-
nellement l'action dramatique avec le non moins glorieux manchot Mucius Scævola. Cet héroïsme intense,
présenté par l'Opéra le 18 février 1794, fut goûté comme
il convenait. Méhul, notons-le en passant, écrivit pour
cet ouvrage deux ouvertures absolument dissemblables,

---

[1] L'année suivante, l'infortuné censeur, dont le républicanisme avait
probablement cessé de se maintenir « en harmonie avec nos institu-
tions », expiait sur l'échafaud la tiédeur relative de ses convictions.

[2] On sait que le malicieux fabuliste ne se payait pas de mots au
sujet de cette « liberté » qu'on le contraignait d'amener dans son livret,
témoin sa fable du *Hanneton* qui se termine ainsi :

> La liberté, pour eux, c'est le fil long d'une aune
> Au bout duquel on laisse un peuple bourdonner.

dont l'une servit plus tard de préface à son opéra d'*Adrien*.

Tandis que les deux braves Romains s'ajoutaient à la vaillante légion des héros d'opéras, à la suite du *Fabius* de Méreaux et du *Mithridate* de Lemoyne[1], Méhul se trouvait entraîné, bien contre son gré, à une collaboration probablement unique dans les fastes de la musique. En compagnie de Grétry, Berton, Kreutzer, Cherubini, Dalayrac, Blasius, Devienne, Jadin, Deshayes, Trial et Solié, il était appelé à composer la musique du *Congrès des Rois*, « comédie en 3 actes en prose et ariettes du Cⁿ. Des Maillot » qui fut donnée par la Comédie Italienne huit jours après la première d'*Horatius Coclès*. Cette pièce, parfaitement inepte, et uniquement destinée à exciter l'indignation contre les « tyrans », tomba au milieu des éclats de rire : on y voyait les rois trahis par leurs maîtresses et forcés de se déguiser en sans-culottes pour échapper à la fureur vengeresse des farouches justiciers. Cagliostro y paraissait en qualité de légat du pape. Au reste la chute de la pièce n'empêcha nullement les sociétaires de la Comédie-Italienne de reconnaître hautement la valeur de Méhul, à qui ils accordèrent une pension annuelle de mille livres, dans le dessein de l'attacher à leur entreprise.

Mélidore et Phrosine virent enfin le feu de la rampe au Théâtre Favart, le 4 mai 1794. Le livret en était tiré

---

[1] Sans parler, bien entendu, du *Marius Scævola* de Luce de Lancival, du *Cincinnatus* et du *Marius à Minturnes* d'Arnault, de l'*Epicharis et Néron* de Legouvé, et de divers *Brutus, Caïus Gracchus*, etc., représentés sur les scènes dramatiques.

d'un conte de Gentil-Bernard et présentait les caractères de la plus sombre horreur. L'amour d'un frère pour sa sœur, moins poétiquement exprimé qu'il ne le devait être ensuite par Chateaubriand, puis par Wagner, en faisait le principal ornement. Afin d'égayer un peu la soirée, le directeur du théâtre l'avait complétée par un *Jean-Jacques Rousseau à ses derniers moments*, comédie (?) de Bouilly. Les défauts du poème ne rendirent pas le public injuste à l'égard des beautés de la musique : « Depuis le finale du premier acte de l'*Armide* de Gluck », écrivit Arnault, « on n'avait rien entendu d'aussi énergique que le finale du premier acte de *Phrosine*. » Bien d'autres pages méritaient l'admiration, quoique la *Décade philosophique* reprochât au musicien de ne pas « sacrifier à la mélodie ». Mais les auteurs purent craindre plus qu'un insuccès. La pièce ne révélant rien de suspect aux censeurs fanatiques qui entouraient Robespierre, ils essayèrent d'incriminer le luxe « corrupteur » des costumes, imputable d'ailleurs à la vanité des seuls acteurs. Barère, membre du Comité de Salut public et favorable à Méhul, lui conseilla de ne pas bouger, rien n'étant plus dangereux alors que d'attirer sur soi l'attention. « Et puis », ajouta philosophiquement l'écrivain, plus lâche que cruel, auquel convenait si bien son surnom d'*Anacréon de la guillotine*, « ne sommes-nous pas tous au pied de l'échafaud, tous à commencer par moi ? » Un si heureux détachement lui porta bonheur, puisqu'il ne termina sa vie, d'ailleurs passablement agitée, que trente-sept ans plus tard.

II

JOSEPH CHÉNIER — *TIMOLÉON.* — *LE CHANT DU DÉPART*

Un poète dramatique fort applaudi et réellement populaire vint alors apporter à Méhul le témoignage de son estime. « Marie-Joseph Chénier, novateur illimité dans l'ordre politique, était presque timide dans les lettres. Hardi à renverser un trône et une société tout entière, il eût craint de violer les bienséances de l'ancienne littérature. » Exagéré au point de vue politique, ce jugement de Villemain est équitable au point de vue littéraire. Le succès des tragédies révolutionnaires de Chénier fut dû aux allusions qui y abondaient : *Charles IX*, « roi assassin » escorté de courtisans et de prêtres « sanguinaires » et flanqué par surcroît d'un chancelier précurseur des Encyclopédistes, devait forcément enivrer le public en 1789[1]. *Henri VIII*, quoique bien supérieur, fut moins chaleureusement salué deux ans après. En écrivant l'année suivante son *Caïus Gracchus*, le poète espérait-il adoucir les passions régnantes ? Il y osait hasarder ces paroles : « Des lois et non du sang, » auxquelles le conventionnel Albitte, se levant soudain, répondait : « Du sang et non des lois![2] »

---

[1] « Si Figaro a tué la noblesse, *Charles IX* tuera la royauté », disait Danton. Et Camille Desmoulins ajoutait : « Cette pièce avance plus nos affaires que les journées d'octobre. »

[2] Ch. Gidel, dans son *Histoire de la littérature française*, attribue cette réplique au doux Barère.

Joseph Chénier poursuivait sans doute un but semblable en méditant sa tragédie de *Timoléon*, que Méhul devait enrichir d'une ouverture et de musique chorale. Bien qu'on y vît un frère sacrifiant son frère à la liberté, conformément à ce principe que « les rois ne sont point protégés par la loi », en revanche on y rencontrait ces vers, bien généreusement hardis pour l'époque :

> Il est temps d'abjurer ces coupables maximes,
> Il faut des lois, des mœurs, et non pas des victimes.

Aussi l'ouvrage fut-il interdit le jour même de la répétition générale, moins favorisé en cela que le *Fénelon* — pourtant dûment laïcisé — du même auteur, qui avait pu être présenté au parterre. Chénier, s'étant rendu au Comité de sûreté générale, brûla lui-même son manuscrit au milieu des applaudissements. Heureusement Mme Vestris en avait conservé une copie qui échappa au zèle des inquisiteurs, et grâce à la célèbre actrice le public fut appelé, quatre mois plus tard, après la chute de la faction Robespierriste[1], à juger les juges du poète : *Timoléon*, joué enfin au Théâtre de la République le 11 septembre 1794, fut reçu sans enthousiasme. Mais si la tragédie ne mérite pas de sortir de l'oubli, la musique, à laquelle elle devait la plus grande partie de son intérêt, est en tous points digne de la main qui l'a signée.

Tandis que se poursuivaient les aventures de *Timoléon*

---

[1] J. Chénier célébra cette chute par un *Chant du IX Thermidor* que nous signalons plus loin.

à travers la politique et le théâtre, la collaboration d'où il était sorti produisait un ouvrage de proportions moindres, mais de bien plus grande importance : *Le Chant du départ*.

Peu de problèmes historiques se posent aussi obscurément que la genèse de cet hymne, justement appelé « la seconde Marseillaise[1] ». Les documents sont, dans l'espèce, rares et discordants. De lointains souvenirs, des récits, des anecdotes ne peuvent suffire à déterminer une certitude. Nous allons pourtant essayer de présenter succinctement l'état de la question.

De cette genèse Arnault nous a laissé deux versions : dans la première Joseph Chénier serait venu prier Méhul « de mettre en musique le *Chant du départ* qui fut entendu pour la première fois dans les champs de Fleurus, le jour même de la victoire, espérant, par ce chant, fléchir les bourreaux et faire tomber de leurs mains la hache levée sur son frère André ». Dans la seconde version, le librettiste de *Mélidore et Phrosine* raconte qu'au moment des répétitions de cet opéra, Méhul lui fit entendre le *Chant du départ* sans lui révéler le nom de l'auteur des paroles. Le premier de ces récits est postérieur de *trente ans*, le second de *trente-neuf* aux faits en litige.

---

[1] Dans la *Proclamation faite au Champ de Mars le 1er vendémiaire de l'an V, anniversaire de la fondation de la République*, nous lisons ces mots : « Au premier rang des compositeurs républicains, la nation place et proclame... le citoyen Méhul... dont le *Chant du départ* rivalise avec l'*Hymne des Marseillais*, et connu par six autres morceaux dignes de sa réputation... »

HOFFMAN PAR BOILLY
(Musée de Lille).

MARIE-JOSEPH CHÉNIER
(Gravé par Lefèvre d'après Horace Vernet).

Un biographe de Chénier, Villenave, affirme que ce chant fut mis en musique par Méhul «dans une soirée de salon, sur un des coins de la cheminée, au milieu du bruit des conversations ». D'autre part, Zimmermann nous apprend que Sarrette — le fondateur du Conservatoire de musique — ayant « compris le danger que courait son ami Chénier, lui donna asile chez lui et le cacha dans la chambre occupée habituellement par Catel », où il composa « le fameux *Chant du départ* que plus tard Méhul mit en musique ». Ces renseignements furent donnés dans un article de la *France musicale, quarante-sept ans* après les événements précités. Sept ans plus tard un autre musicographe, G. Olivier, confirmait l'assertion de Villenave, en y ajoutant ceci, que l'hymne écrit en 1794 pour célébrer l'anniversaire de la prise de la Bastille, fut aussitôt « adopté par les armées comme chant de combat ».

En 1848 également, le compositeur Adolphe Adam, qui va embellir le récit de Zimmermann, nous montre Sarrette présentant à Robespierre le manuscrit de Chénier comme l'œuvre d'un inconnu modeste : « A la bonne heure ! » s'écrie le dictateur. « Voilà de la poésie grandiose et républicaine qui efface tout ce qu'a fait ce Girondin de Chénier ! » Sur quoi il ordonne d'envoyer incontinent aux quatorze armées de la République cet hymne qu'il baptise de sa propre autorité : *Chant du départ.* On reconnaît bien ici la spontanéité enthousiaste du primesautier dictateur !

Démêle qui pourra la vérité! Ce qui semble évident,

c'est que ce chant belliqueux, sans rapport avec la prise
de la Bastille, était très propre à célébrer des victoires.
Or celles-ci venaient coup sur coup de signaler la valeur
de nos armes : la prise de Menin, de Mouscron, de
Courtrai, de Tourcoing (du 29 avril au 18 mai), les
victoires de Charleroi, Ypres et Fleurus (du 16 au 26 juin).
Pour fêter ces glorieuses journées, la Convention
ordonne à l'*Institut national de musique*, placé sous les
ordres de Sarrette, d'organiser un concert dans le
jardin des ci-devant Tuileries. Surviennent les prises
d'Ostende et de Tournai (1er et 2 juillet). Nouveau concert où peut-être a été exécuté le *Chant du départ*. En
tout cas il le fut certainement le 14 juillet. L'effet produit
ne semble pas avoir été considérable, mais bientôt le
succès vint et grandit rapidement. Après l'audition du
10 août, le journaliste Duchosal dépeignait « l'enthousiasme général... la fureur peinte dans tous les regards »
et l'agitation des spectateurs. Dès lors, sans parler des
18.000 exemplaires de ce chant que fit distribuer la
Convention aux citoyens et aux soldats, il prit place
dans toutes les cérémonies officielles.

L'une des plus mémorables fut sans contredit celle de
la « 5e sans-culottide de l'an II » ou, moins poétiquement, 21 septembre 1794, consacrée à la translation au
Panthéon du corps de Marat, alors qu'on en retirait celui
de Mirabeau, indigne de reposer en aussi bonne compagnie. Le *Chant du départ* y résonna tandis que des
drapeaux étaient distribués aux « défenseurs blessés
des armées de la patrie ». Les auteurs de cet hymne

figuraient de plus au programme avec un « Chant des victoires » ou « Hymne à la victoire » qui s'y rattache par de frappantes analogies, et que l'on avait d'ailleurs entendu en des fêtes antérieures. D'autres morceaux dus à Cherubini, Catel et Jadin, honoraient également la mémoire de Marat, dont la dépouille, au moment de franchir le seuil du monument, était accompagnée d'« une musique mélodieuse et tranquille » destinée à « peindre l'immortalité », et bien heureusement appropriée, sans doute, au caractère de ce locataire provisoire.

Huit jours plus tard, le *Chant du départ*, adapté à la scène, était représenté à l'Opéra, et le *Journal de Paris* vantait ce spectacle « plein de grâces et de chaleur ». Cet hymne de guerre conserva sous le Consulat sa place au répertoire des musiques militaires, et accompagna de ses mâles accents la première distribution des croix de la Légion d'honneur, au camp de Boulogne en 1804.

Divers hymnes patriotiques furent encore écrits par Méhul durant la période révolutionnaire, en l'honneur de la *Raison*, de l'*Éternel*, de l'*Être suprême*[1], de la *Paix*, etc., sans oublier ceux qui célèbrent certaines dates historiques : *14 Juillet*, *18 Fructidor* et surtout

---

[1] A propos d'un autre *Hymne à l'Être suprême*, de Gossec, une légende s'est formée d'après laquelle les artistes de l'*Institut national* auraient enseigné ce chant au peuple. Le tableau de Lefebvre nous montrant Méhul, un violon à la main, installé rue Montmartre, a été inspiré par les versions de Zimmermann et d'Adam. La vérité est que Lesueur, Gossec, Méhul exercèrent simplement cet enseignement dans les salles d'assemblées des sections, avec l'aide de quelques élèves de l'*École nationale de chant*.

9 Thermidor[1]. De ce dernier chant l'on peut croire que
Joseph Chénier traça d'une plume sincère le vers
initial[2] :

Salut, neuf thermidor, jour de la délivrance !

III

LA CAVERNE. — **MÉHUL A L INSTITUT ET AU CONSERVATOIRE**
LE JEUNE HENRY. — ADRIEN

Voici Méhul parvenu à la célébrité. Il ne compte que
trente et un ans, et déjà les théâtres, les places publiques, les camps ont applaudi ses ouvrages.

Il s'était lié avec trois actrices, les « demoiselles
Renaud », dont on disait qu'elles formaient « une cou-
vée de rossignols ». L'aînée avait épousé un certain
chevalier d'Avrigny, poète déplorablement fécond, et
dont les convictions, renommées pour leur souplesse,
s'attachèrent à tous les régimes qu'il chanta successivement. — Au reste cette espèce ne fut rare en aucun

[1] Est-il besoin de rappeler l'immense quantité d'œuvres musicales
nécessitée par tant de fêtes et de commémorations ? Outre Méhul, nous
y trouvons Cherubini. Gossec, Lesueur, Catel, etc. « Toutes les têtes et
toutes les plumes travaillent à la liturgie des fêtes décadaires. Merlin
de Thionville s'occupe du grand rôle qu'y doit jouer la musique. »
(E. et J. de Goncourt : *La Société française pendant la Révolution*.)

[2] Il n'était sans doute pas moins sincère en prononçant l'année suivante ces paroles significatives : « Déjà les fêtes publiques plus sage-
ment dirigées, moins chargées d'oripeaux civiques et de guenilles à
prétention, échappent au despotisme des imaginations bizarrement
stériles. » (*Discours à la Convention*, 27 vendémiaire an III). Mais il est
permis d'estimer ce jugement injustement exagéré !

temps. Ledit chevalier écrivit, en collaboration avec Legouvé, un opéra dont Méhul fut invité à composer la musique : *Doria ou la Tyrannie détruite* parut sur la scène du Théâtre Favart le 12 mars 1795. Cette fois encore le poème fit tort à la partition.

Sans se décourager le musicien se remit au travail. L'idée n'était pas très heureuse de traiter un sujet déjà porté devant le public deux ans auparavant avec un vif succès : *La Caverne*, poème de Darcy, musique de Lesueur, avait été empruntée au *Gil Blas* de Le Sage. C'était, dans toute la force du terme, une histoire de brigands, non dénuée de pathétique, mais contée en un style indiciblement plat. En revanche la musique en était vraiment intéressante et empreinte d'un véritable sentiment dramatique. Le livret qu'avait fourni à Méhul l'ex-avocat Forgeot, déjà accoutumé à la scène par sa collaboration avec Grétry, était supérieur au précédent, et il est à supposer que la musique — dont nous ne possédons que de rares fragments — ne le lui cédait en rien. Malheureusement le public se trouvait suffisamment blasé sur les sombres horreurs de la caverne « taillée dans le roc, éclairée d'une lampe et surmontée d'une forêt », ainsi que nous l'apprend un musicologue. Et puis il commençait à estimer que les auteurs abusaient de la symétrie en lui présentant régulièrement et coup sur coup deux exemplaires du même drame lyrique : Deux *Paul et Virginie*, l'un de Kreutzer, l'autre de Lesueur ; deux *Lodoïska*, l'une de Cherubini, l'autre de Kreutzer ; deux *Roméo et Juliette*, l'un de

Dalayrac[1], l'autre de Steibelt. Ce parallélisme devait évidemment finir par agacer les plus bénins auditeurs.

C'est à ce moment que Méhul se vit l'objet d'un honneur, non certes immérité, mais inattendu. Le gouvernement directorial, qui organisait l'Institut, sous une forme quelque peu différente de celle qui règne actuellement, le désigna, le 9 décembre 1795, pour représenter l'art musical dans la 3ᵉ classe (à laquelle correspond aujourd'hui la section de musique). Cette marque d'admiration paraîtra plus éclatante encore, si l'on considère qu'auprès de l'auteur du *Chant du départ* se trouvaient d'autres compositeurs tels que Grétry, Monsigny, Gossec, Lesueur, Cherubini et Dalayrac.

A peu près en même temps la Convention donnait une vive impulsion à l'enseignement de la musique en organisant le Conservatoire : Méhul était désigné avec Gossec, Grétry, Lesueur et Cherubini pour y exercer les fonctions d'inspecteur des études. Plus tard il y remplit celles de professeur de composition.

Après avoir montré en Méhul l'artiste épris de son idéal et le citoyen mêlé aux événements de son temps,

---

[1] Le titre de celui-ci était une trouvaille : *Tout pour l'amour ou Roméo et Juliette*. Berlioz a jugé cet ouvrage sans y apporter la moindre indulgence : « L'auteur de l'abominable livret eut l'esprit de ne pas se nommer. Cela est misérable, plat, bête en tout et partout. On dirait d'une œuvre composée par deux imbéciles qui ne connaissent ni la passion, ni le sentiment, ni le bon sens, ni le français, ni la musique. » (*A travers chants*.) Monvel était l'auteur du poème. Quant au tendre et charmant Dalayrac, le ciel ne l'avait assurément point destiné à se mesurer avec Shakespeare. Mais il restait si peu de ce dernier dans le livret de Monvel !

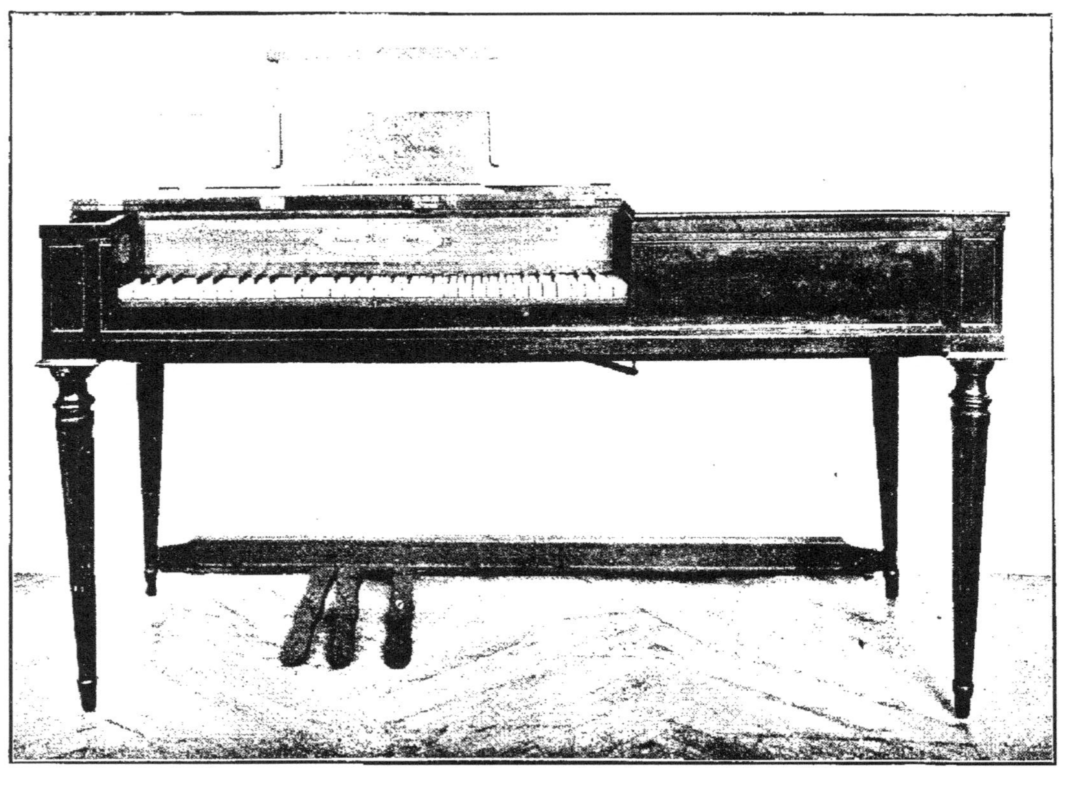

PIANO DE JOSEPH CHÉNIER SUR LEQUEL ROUGET DE LISLE ET MÉHUL
ONT ACCOMPAGNÉ LA *Marseillaise* ET LE *Chant du départ*

Musée du Conservatoire de Musique.

qu'il nous soit permis d'entrer un peu dans l'intimité de sa vie et de ses affections et de montrer la noblesse de cette âme. Deux traits pris entre bien d'autres y suffiront : Monsigny, âgé de soixante-sept ans, végétait dans la pauvreté — le meilleur état pour ceux qui aiment la solitude. — Méhul l'apprend : aussitôt il sollicite — et obtient du ministère une aide deux fois méritée. Un journal, rendant compte de la *Médée* de Cherubini, semble y vouloir signaler une imitation de la manière de Méhul. Celui-ci de protester dans les termes les plus chaleureux : « L'inimitable auteur de *Médée* n'a jamais eu besoin d'imiter pour être tour à tour élégant ou sensible, gracieux ou tragique; pour être enfin ce Cherubini que quelques personnes pourront bien accuser d'être imitateur, mais qu'elles ne manqueront pas d'imiter *malheureusement* à la première occasion. » — Évidemment les procédés de Méhul ont beaucoup vieilli !

Un épisode curieux, et peut-être unique en son genre, vient alors prendre place dans sa carrière : il s'agit d'une pièce dont le livret, par trop inepte, causa l'irrémédiable chute, mais dont le titre seul évoquera toujours la valeur musicale, — je veux parler du *Jeune Henry*, dont l'ouverture est demeurée justement célèbre.

Le poème en émanait du fécond et vertueux Bouilly, dont le nom, accorde Legouvé, « a été dans son temps et est resté dans le nôtre le symbole de la sensiblerie. Or », ajoute-t-il, « celui qu'on nommait le *larmoyeur*[1]

---

[1] Ses contemporains l'avaient surnommé « le poète lacrymal ».

était le plus gai compagnon, le plus franc rieur, le conteur le plus amusant que j'aie connu ». Et pour tout
concilier, l'aimable vieillard admettait que ce rieur
« avait les larmes très faciles », sans pour cela être
un pleurard. Soit ! C'était aussi le plus heureux des
auteurs dramatiques, et cependant « la critique, sous
sa forme la plus cruelle, la moquerie, l'a harcelé au
milieu de tous ses succès : son nom même était texte à
raillerie, on prétendait que ses œuvres ressemblaient à
son nom[1] ». Cette assimilation nous paraît assez justi-
fiée, soit dit en passant, et même nous estimons que
la reconnaissante affection de Legouvé pour son excellent tuteur l'aveugle quelque peu lorsqu'il loue en
Bouilly le bon élève de Sedaine, de qui il tenait « cet
art de la composition, de la préparation et de la pro-
gression, qui constitue une pièce bien charpentée[2] ».
En tout cas il avait négligé ces principes en écrivant,
ou pour mieux dire en *récrivant* son *Jeune Henry*. Sous
sa forme primitive cet opéra se rattachait à la jeunesse
de Henri IV, mais il était dangereux sous la Révolution
de célébrer un « tyran », fût-ce

Le seul roi dont le peuple *ait* gardé la mémoire.

Aussi l'ouvrage subit-il un remaniement complet,
grâce auquel il devint d'une complète incohérence. Dès

[1] Cependant lorsqu'il s'avisa de cesser une collaboration momen-
tanée avec un certain M. Pain, les railleurs se plaignirent que « l'ab-
sence du bouilli les eût réduits au pain sec ».

[2] Ces citations sont empruntées au tome I des *Soixante ans de souvenirs* de Legouvé.

la première représentation (1ᵉʳ mai 1797) les sifflets du parterre signalèrent aigrement l'appréciation du public quant au livret ; en revanche il applaudit chaleureusement divers morceaux de la partition et en bissa la superbe ouverture. Disons sans tarder qu'elle fit désormais partie du répertoire de l'Opéra-Comique, où on l'intercalait isolément dans les programmes ; — coutume qui persista durant une trentaine d'années [1]. Plusieurs fois même on la convertit en spectacle : d'abord le fameux maître de ballets Gardel l'arrangea en 1802 pour l'Opéra. En 1810 la salle des *Jeux gymniques* accueillait la *Chassomanie*, de Hapdé, « mise en action de l'ouverture du *Jeune Henry* ». Seize ans plus tard le divertissement de Gardel reparaissait avec le concours des principaux danseurs de l'Opéra, outre celui d'un jeune cerf de grand talent, fort admiré des Parisiens et qui répondait au nom assez peu romantique de *Coco*. On éprouve de sincères regrets en voyant associée à de telles pitreries cette admirable page. — Notons enfin

---

[1] « L'ouverture du *Jeune Henry* dite la *Chasse* eut un succès colossal… Le *Journal de Paris* notamment le constate en ces lignes, parues à propos d'un arrangement pour piano de cette pièce symphonique : « Nous nous empressons d'annoncer l'impression de ce savant morceau, dont la célébrité a été si justement consacrée par l'enthousiasme avec lequel il a été redemandé et entendu dans les entr'actes des représentations du Théâtre Favart. » Ceci était écrit le 18 thermidor an V : trois mois après, la vogue persistant, le même journal publiait un article sur la fréquence des demandes d'exécution de cette ouverture, qui constituait un fait sans précédent. Des arrangements pour tous les instruments parurent successivement au Magasin pour satisfaire au goût des amateurs. On en fit pour la harpe, deux violons, deux flûtes, deux clarinettes, quatuor à cordes, etc. » (Constant Pierre : *Le Magasin de musique à l'usage des fêtes nationales et du Conservatoire.*)

l'exécution qu'en donna, à l'Exposition de 1867, Georges Hainl, chef d'orchestre des concerts du Conservatoire et de l'Opéra, à la tête de trois mille exécutants, mais doutons toutefois que Méhul se fût montré satisfait du déploiement d'un tel corps d'armée.

Deux compositions de circonstance lui valurent bientôt de nouveaux applaudissements : le 1ᵉʳ novembre 1797, le citoyen-chanteur Darius interpréta au Théâtre Favart un *Hymne sur la paix* célébrant le traité de Campo-Formio, et dont les paroles étaient dues à la citoyenne-auteur Detheis, connue par une tragédie de *Sapho*, et qui devait être promue princesse de Salm après la rupture de son mariage avec le citoyen-chirurgien Pipelet. La *Décade philosophique* nous apprend que le public goûta spécialement cette strophe d'un sublime plutôt anodin :

> Beaux-Arts qu'effarouchait la guerre,
> Enfants de la tranquillité,
> Les dieux ont posé leur tonnerre,
> Venez avec sécurité.

Un mois et demi s'était à peine écoulé depuis que ces dieux débonnaires s'étaient dégarnis de leur foudre, et déjà l'*Hymne sur la paix* fraternisait au théâtre avec un opéra en un acte dédié à la *Victoire du Pont de Lodi*, et monté avec un luxe des plus réalistes : « Des pièces de canon... tiraient continuellement, ce qui ne s'est pas encore vu, et ce qui a effrayé un grand nombre de spectateurs. Ces explosions ont produit une telle fumée qu'on ne distinguait plus rien sur la scène ni dans la salle, et que les cris : *Ouvrez les loges!* couvraient la voix des acteurs. Chacun s'est empressé de sortir... » Ainsi s'exprimait le *Censeur dramatique.* Toutefois, en dépit de la valeur de la partition, le bruit, la fumée et l'obligation de fuir dans les couloirs n'attirèrent pas les amateurs au delà de sept représentations.

A cette époque Méhul est en pleine possession de la sympathie et de l'admiration générales. Tous les salons lui ouvrent à deux battants leurs portes. Artistes, savants, hommes politiques s'honorent de son amitié. La maison du violoniste Rodolphe Kreutzer — celui-là même à qui Beethoven dédia la célèbre sonate que, dit-on, il ne joua jamais, — lui était particulièrement chère. Il y rencontrait le « Tout-Paris » d'alors, moins mêlé que celui d'à présent. C'est vraisemblablement dans l'un de ces salons, chez La Revellière-Lépeaux peut-être, ou chez Mme Récamier, Mme d'Avrigny ou Talma qu'il fit la connaissance d'un excentrique notoire, le type par excellence du médecin mondain. Venu d'Avignon à Paris en 1790, le docteur Gastaldy, qui cependant s'était formé, là comme dans le Midi, une clientèle aristocratique, ne fut pas enveloppé dans les poursuites qui la décimèrent. Non content d'avoir « vécu », selon le mot de Sieyès, pendant la Terreur, il la traversa en chantant, en jouant, mais surtout en soupant. Nommé à un poste officiel que lui fit perdre sa négligence vraiment exagérée, il passait ses nuits au jeu, ses matinées au lit, ses journées à table, et abandonnait à eux-mêmes et à la nature ses malades, qui probablement n'en guérissaient que plus vite. Méhul s'éprit de la fille de cet original, l'épousa et ne tarda point à s'en repentir. Quelles que fussent les causes d'une incompatibilité trop évidente, la vie commune, devenue impossible, se dénoua par une séparation discrètement opérée, d'après une mutuelle entente. Mme Méhul demeura dès lors complètement indifférente à la renommée et à l'existence même de son mari, auquel elle eut la douleur de survivre pendant quarante années.

Après un intervalle de dix-huit mois pendant lesquels son expérience de la félicité conjugale l'avait empêché de s'adonner régulièrement à ses travaux habituels, le musicien reparut sur la scène de l'Opéra avec un ouvrage dont les péripéties, plus déplorables encore que celles de son *Timoléon*, méritent d'être résumées sans trop de hâte.

Adrien, empereur de Rome, était, sinon une traduction, du moins une adaptation assez fidèle de l'*Adriano in Siria* de Métastase[1], due à la plume d'Hoffman. Mais l'on vivait en l'an de grâce 1792 lorsqu'il tenta pour la première fois d'aborder la scène, et vainement le librettiste représenta que l'œuvre, écrite avant la Révolution.

---

[1] Adrien, ou plutôt *Adriano* a fourni le sujet de *trente-trois* opéras, sur lesquels *vingt-sept Adriano in Siria*. Parmi les compositeurs qui s'en sont inspirés nous citerons Pergolèse, Duni. Caldaro, Gius. Scarlatti, J.-C. Bach, Sacchini et Cherubini.

FAC-SIMILE D'UNE LETTRE DE MÉHUL A MADAME LEGOUVÉ
(Bibliothèque du Conservatoire).

ne pouvait être destinée à la combattre, « qu'une intrigue d'amour, peu de scènes, des danses, du spectacle » en formaient la trame, et que les seuls vers applicables aux circonstances étaient « aussi constitutionnels que s'ils eussent été faits à dessein ». Rappelons-nous qu'à cette même époque le conventionnel Génissieux fait interdire *Mérope* où se trouve une reine en deuil pleurant son époux, ce qui prouvait surabondamment que Voltaire avait voulu figurer par là Marie-Antoinette pleurant Louis XVI. D'autre part Corneille ayant eu le mauvais goût de placer dans son *Cid* un certain Don Fernand, « premier roy de Castille », ledit Don Fernand est, par ordre de la Commune, transmué en « général républicain ». Affiche-t-on au Théâtre de la République un *Jean sans terre?* Les clubs y croient voir une attaque contre leur brasseur favori et font supprimer la pièce. Or le bruit courait que l'empereur Adrien devait paraître sur un char triomphal traîné par de blancs coursiers provenant des écuries de la reine. C'était intolérable, et le grand peintre David s'écria que « la Commune de Paris brûlerait l'Opéra plutôt que d'y voir triompher des rois », pensée que Sylvain Maréchal devait exprimer sous une forme lapidaire, en ces vers du *Jugement dernier des rois :*

> Il vaut mieux avoir pour voisin
> Un volcan qu'un roi,
> Liberté..... Egalité.

On peut discuter sur le danger comparé de ces deux

voisinages. Mais sans nous y arrêter, disons que la municipalité parisienne, ainsi éclairée, n'hésita plus : après quelques atermoiements préalables parut, le 12 mars 1792, « l'an IV de la liberté », un arrêté interdisant l'opéra en question. Hoffman protesta courageusement, alléguant que, depuis dix-huit mois, sa pièce avait été adoptée sans qu'on y eût relevé rien de répréhensible, et que 200.000 francs de dépenses avaient été faites à son sujet. Pétion, maire de Paris, à qui il écrivait, avait contre lui le droit et même la loi, mais les arguments aussi justes que précis de son correspondant n'obtinrent cependant point de réponse.

Après la chute de Robespierre, le Théâtre Feydeau, qui voulut monter *Adrien*, se trouva en rivalité avec l'Opéra. Les auteurs donnèrent raison au directeur de Feydeau, mais celui-ci, que ses créanciers envoyèrent en prison, sur ces entrefaites, pour y réfléchir aux avantages d'une bonne gestion, se vit dès lors contraint d'abandonner l'infortuné empereur. Enfin ce monarque fut définitivement recueilli par l'Opéra où trônait une nouvelle direction, mais il dut pour cela dépouiller la pourpre impériale et devenir simple général, d'où ce titre simplifié : *Adrien*.

Le 5 mars 1799 l'ouvrage parut devant le public qui l'accueillit avec une faveur marquée : « Poème bien écrit, *la musique est un chef-d'œuvre* », écrivait brièvement le *Mercure*. Après avoir constaté que le poème s'écartait fort peu de son modèle italien, le *Journal de Paris* ajoutait : « la pourpre triomphale... est belle et

riche... *La musique y est très analogue* ». Toutefois le
malheureux général n'était pas au bout de ses épreuves.
Éloquemment défendu contre ses ennemis par le ministre
de l'Intérieur, le lettré agronome François de Neufchâteau, le nouvel opéra avait atteint sa quatrième représentation ; mais l'épuration du Directoire amenée par
les événements du 30 prairial eut, entre autres consé-
quences, celle de faire retirer *Adrien* de l'affiche[1]. Ni le
goût du public pour ce bel ouvrage, ni la valeur incontestable des chœurs, de l'ouverture et de divers autres
morceaux ne le sauvèrent du stupide acharnement de
ses adversaires.

Parmi les détracteurs se plaça au premier rang le critique du *Journal des Débats*, le fameux Geoffroy. Ancien
titulaire d'une chaire de rhétorique au Collège de Navarre,
et remplaçant de Fréron à la direction de l'*Année littéraire*, il s'était fait, sans bruit, maître d'école au fond
d'un hameau, durant la Terreur. Sa morgue, son pé-
dantisme, ses prétentions à l'infaillibilité, son aversion
pour toute nouveauté, son équité douteuse, mais
aussi sa vigueur et sa hardiesse sont demeurés célèbres.
Ayant attaqué le poème d'*Adrien* avec son habituel
manque de ménagements, il trouva en Hoffman un solide
adversaire. En vain lui disait-il : « Croyez-moi, laissez-
là ces dissertations, et ne faites que des opéras » ; le
librettiste répondait victorieusement à toutes les imputa-
tions du critique, et ne se gênait pas pour établir que

[1] Cette interdiction « fut un des triomphes mémorables de cette journée », écrivit ironiquement François de Neufchâteau.

l'autorité dont se targuait celui-ci était due beaucoup moins à sa valeur qu'à la situation qu'il occupait. C'est ainsi qu'il écrivait, dans l'une de ses réponses :

« Le sophiste Favorin disait d'Adrien : « Mes amis, un homme qui a trente-deux légions à ses ordres sera toujours le plus habile homme du monde. » Ce que Favorin disait de l'empereur, je le dis de vous, Monsieur Geoffroy : l'homme qui tous les ans fait pleuvoir sur la France 365 fois 12.000 feuilles d'imprimerie, sera toujours, *aux yeux du vulgaire*, le plus habile critique, le savant le plus profond, et le juge le plus infaillible[1] ! » *Adrien* revit le feu de la rampe le 3 février 1800. Il réapparut encore en 1801, puis en 1803 : après tant de mésaventures, de luttes, de catastrophes, il terminait sa pénible carrière sur le trop modeste nombre de dix-neuf représentations ![2]

[1] Hoffman devait plus tard écrire au *Journal des Débats* des articles de critique littéraire. Il y laissa de plus sympathiques souvenirs que son confrère Geoffroy, à la mort duquel parut cette épigramme en guise d'oraison funèbre :

> Nous venons de perdre Geoffroy.
> — Il est mort ? - Ce soir on l'inhume.
> - De quel mal ? - Je ne sais. — Je le devine, moi ;
> L'imprudent, par mégarde, aura sucé sa plume !

On peut rapprocher ce quatrain de celui que Voltaire avait consacré à Fréron, précurseur et prédécesseur de Geoffroy.

[2] Méhul fut péniblement affecté par cet insuccès ; dans un billet non daté qu'il adressait à Gardel, on lit ces lignes peu ambitieuses : « Puisqu'enfin ce pauvre *Adrien*, ce malheureux ouvrage, revoit le jour par vos soins, que vos soins lui conservent le jour ! Je ne demande pas qu'il ait une existence brillante : qu'on le joue quatre ou cinq fois par an, c'est tout ce que je désire. »

IV

*ARIODANT. — LE CHANT DU 25 MESSIDOR. — L'IRATO.
LA MESSE SOLENNELLE*

Tandis qu'Adrien combattait vaillamment sur la scène de l'Opéra, les mêmes auteurs préparaient pour l'Opéra-Comique un ouvrage tiré de *Roland furieux :* « Les personnages principaux tiennent à l'ancienne chevalerie, écrivait Méhul, et j'ai éprouvé plusieurs fois qu'il était plus aisé *de faire chanter des paladins* que des sénateurs et des consuls. » Il aurait été intéressant de connaître les raisons de cette facilité relative. Une circonstance curieuse rappela ce qui s'était passé pour la *Caverne :* l'Opéra-Comique reçut en même temps que l'*Ariodant* d'Hoffman et Méhul un opéra de Dejaure et Berton écrit sur le même sujet : *Montano et Stéphanie.* Ce dernier fut joué le 15 avril 1799, et son rival six mois plus tard, exactement le 11 octobre. L'analogie des livrets n'empêcha nullement ces beaux ouvrages d'obtenir le vif succès qu'ils méritaient tous deux, et que constata l'unanimité de la critique. Cherubini, à qui la partition était dédiée, en louait la mélodie « aimable et chantante ». Tout en reconnaissant que les situations dramatiques étaient traitées avec « les couleurs sombres » qu'elles nécessitent, il félicitait néanmoins l'auteur de s'être « beaucoup modéré dans l'emploi de ces transitions d'harmonie, brusques et disparates », dont il lui reprochait d'avoir abusé avec *Mélidore et Phrosine*. Berlioz, dans ses *Soirées de l'orchestre*, place *Ariodant* « parmi les très beaux ouvrages de Méhul qui réussirent peu ». Cependant trente-huit représentations consécutives et une reprise l'année suivante prouvent heureusement l'inexactitude de cette assertion.

Deux jours avant l'apparition d'*Ariodant* le général Bonaparte, revenant d'Égypte, mettait le pied sur le sol français. Peu s'en était fallu, nous raconte Arnault, que Méhul eût été son compagnon d'expédition. En effet, l'auteur de *la Feuille* avait été chargé de trouver « un poète, un compositeur de musique et un chanteur » qui consentissent à tenter l'aventure. Ducis, Méhul et Lays étaient même désignés par le grand capitaine. Toutefois la proposition ne séduisit aucun d'eux, et la scène du *Conseil tenu par les rats* se renouvela de façon assez comique :

> L'un dit : « Je n'y vas point, je ne suis pas si sot : »
> L'autre : « Je ne saurais... » si bien que sans rien faire
> On se quitta...

Ducis se trouvait trop âgé, Lays redoutait un rhume, et Méhul s'excusait sur « les devoirs qu'il avait à remplir ».

Il n'est pas nécessaire de s'arrêter longuement sur *Épicure*. Écrite sur un médiocre poème de l'aimable auteur des *Lettres à Émilie*, ce Demoustier qui, bien que descendant de Racine et de La Fontaine par son

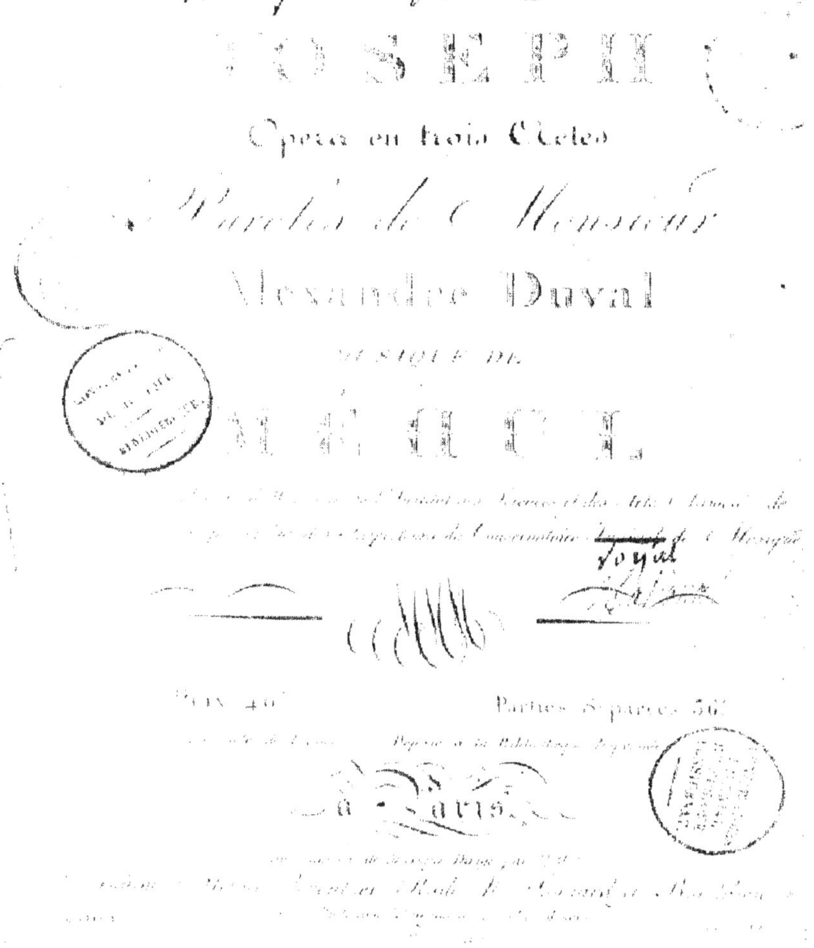

PREMIÈRE PAGE DE LA PARTITION D'ORCHESTRE DE *Joseph*
(Bibliothèque du Conservatoire).

père et sa mère, évitait modestement de les rappeler et se bornait à continuer Dorat. — la musique était due à la collaboration de Méhul et de Cherubini : « Notre association ne fut point heureuse, constate philosophiquement ce dernier. car la pièce fut impitoyablement sifflée. »

Cet opéra avait été donné pour la première fois le 14 mars 1800. Juste trois mois plus tard apparaissait *la Dansomanie*, « folie-pantomime » en deux actes enfantée par l'imagination du danseur Gardel. et qui forme évidemment. avec la *Chassomanie* mentionnée ci-dessus, la *Mélomanie* de Grenier et Champein et la *Métromanie* de Piron une tétralogie définitive sur le ridicule où peut entraîner la manie des vers. de la musique, de la chasse et de la danse.

Presque au même instant se produisait au jour l'une des plus belles œuvres de Méhul. *le Chant du 25 messidor an VIII*, ou du *14 juillet 1800*. Répondant aux intentions du premier Consul. Fontanes avait écrit un poème dans lequel, si l'on ne trouvait pas le meilleur de son très réel talent, on pouvait du moins reconnaître la prudente et ingénieuse souplesse de son caractère. Il sut y célébrer les exploits de nos armées (Moreau venait de triompher à Hœschtaedt et Bonaparte à Marengo). les bienfaits de la paix qui les allait suivre, la défaite des Italiens et des Germains, la confusion de la « Tamise rivale », et aussi évoquer les ombres des héros morts pour la patrie.

Alors, par une transition naïvement habile, Condé,

Dugommier et Turenne étaient appelés à faire la haie sur le passage du vainqueur de l'Italie.

Enfin, succédant à une pathétique invocation au « brave Desaix », mort, comme on sait, sur le champ de bataille de Marengo, venait un appel, certes bien justifié, à la concorde qui devait désarmer les haines et unir tous les cœurs.

Le poème de Fontanes fut généralement bien accueilli; toutefois la *Décade philosophique* lui reprocha d'avoir, en célébrant le 14 juillet 1800, oublié cette prise de la Bastille qu'il était censé commémorer. En somme le succès de l'œuvre totale fut immense, et dû en majeure partie à la musique. Le « Temple de Mars », c'est-à-dire l'Hôtel des Invalides, était rempli d'un public choisi : « L'éclat de la beauté, le soin de la parure ne faisaient pas un des moindres charmes de cette fête, dit l'officiel *Moniteur* : mais en constatant que cette brillante assistance n'avait été admise que sur billets d'invitation, il reconnaît implicitement que le peuple était maintenant écarté des fêtes nationales [1]. »

Méhul reparaît au théâtre le 27 décembre de la même année avec un acte d'Hoffman consacré à ce poète Bion, que son ami et disciple Moschus avait surnommé l' « Orphée dorien ». C'était une de ces pièces pseudo-helléniques dont raffolait une époque éprise de *Léonidas*, d'*Anacréon*, de *Médée* et d'*Olympie*. En la mentionnant Cherubini se borne à dire : « Je n'ai qu'une idée confuse de cet

---

[1] J. Tiersot : *Fêtes et chants de la Révolution française.*

opéra, preuve que la musique n'était pas saillante. Ce que je me rappelle, c'est qu'il n'eut qu'un succès d'estime, et qu'il n'est pas resté au répertoire. »

Ici se place l'apparition de cet *Irato* dans lequel Méhul allait donner l'irrécusable témoignage d'une *vis comica* insoupçonnée de ses plus fervents admirateurs. Nous devons vraisemblablement ce charmant acte à la prédilection de Napoléon pour la musique italienne. S'entretenant un jour avec Méhul dont il estimait fort le talent : « Votre musique, lui dit-il, est peut-être plus savante et plus harmonieuse ; celle de Paisiello et de Cimarosa a pour moi plus de charmes. » Ces paroles suggérèrent à son interlocuteur le dessein d'une amusante mystification en le déterminant à écrire un ouvrage italien. Marsollier lui offrit le livret de *l'Irato* ou *l'Emporté*, bouffonnerie apparentée au genre qui nous a donné *La serva padrona* et *Il matrimonio segreto*[1]. La partition

---

[1] Nous citerons deux passages de ce livret écrit avec une verve dénuée de toute prétention : Scapin, sollicitant les confidences d'Isabelle, et lui disant :

> Parler de ses maux en console…

ne se doute évidemment pas qu'il est un précurseur de la Muse d'Alfred de Musset, s'adressant en ces mots à son poète, dans la *Nuit d'Octobre* :

> « En se plaignant on se console. »

Ailleurs se trouve une innocente raillerie à l'adresse sans doute de Fontanes ou de Chênedollé : Isabelle, exhalant cette phrase d'une mélancolie déjà un peu fanée :

> « L'astre des nuits promenait son disque argenté… »

Le docteur l'interrompt par ces mots : « Dites donc tout bonnement qu'il faisait clair de lune… » C'est la réplique du conseil de La Bruyère : « Vous voulez, Acis, dire qu'il fait froid : que ne disiez-vous : Il fait froid ? »

terminée, on annonce, à l'époque du carnaval, un opéra italien adapté à un poème français et dont la musique est due *al signor Fiorelli*, et le Théâtre Favart en donne, le 17 février 1801, la première représentation. L'auditoire éclate en applaudissements, qu'il a d'ailleurs le bon esprit de réitérer lorsqu'on vient lui nommer le véritable auteur de cette innocente supercherie[1].

Pour démontrer qu'en tout cas elle ne fut pas dirigée contre Bonaparte[2], ainsi que le bruit en courut, il suffit de rappeler que Méhul lui dédia sa nouvelle partition.

Voilà toute la genèse de cet acte à propos duquel a coulé beaucoup d'encre, dont la moins trouble ne fut pas celle de Fétis. Méhul a d'ailleurs fort clairement exposé son but dans une note qui suivait, sur le premier feuillet de sa partition, la dédicace précitée, et qui fournit d'intéressants aperçus quant à l'esthétique du grand musicien :

« Quelques personnes croiront ou diront que j'ai enfin abandonné le genre auquel je paraissais exclusivement attaché ; elles m'en féliciteront ; et l'*Irato* méritera d'autant mieux leurs éloges qu'il leur servira pour condamner mes autres ouvrages. Je dois les avertir de ne

[1] Berlioz, en la racontant dans ses *Soirées de l'orchestre*, ajoute ces mots : « Mystification excellente, qui réussira toujours, en tout temps et en tout lieu, et rendra manifeste l'injustice des préventions, sans jamais les détruire. » On sait que lui-même donna un pendant à l'aventure de l'*Irato* en faisant jouer primitivement son *Enfance du Christ* sous le nom de « Pierre Ducré, maître de chapelle français au XVIIᵉ siècle ».

[2] Celui-ci aurait dit à Méhul : « Trompez-moi souvent ainsi. » (Elwart : *la Société des concerts du Conservatoire*.)

point se hâter de vanter ma conversion ; *je n'étais
d'aucun parti, et ne veux m'enrégimenter dans aucun. Je
ne connais en musique aucun genre ennemi de l'autre,
si tous tendent en même temps à la rendre plus agréable
et plus vraie. Je crois que cet art a un but plus noble
que celui de chatouiller l'oreille, et qu'il n'est pas con-
damné à n'être jamais qu' « aimable »*[1]. Le genre de la
musique est toujours subordonné au genre du drame,
et le choix des couleurs est commandé par le dessin
qu'il faut colorier. Si la musique de l'*Irato* ne ressemble
pas à celle que j'ai faite jusqu'à présent, c'est que
l'*Irato* ne ressemble à aucun des ouvrages que j'ai
traités. Je sais que le goût général semble se rapprocher
de la musique purement gracieuse, mais jamais le goût
n'exigera que la vérité y soit sacrifiée aux grâces. »

Ces sentiments empreints d'un éclectisme si large et
si judicieux font honneur à celui qui les énonça et y
sut rester inébranlablement fidèle. Il serait à souhaiter
qu'ils fussent plus répandus, et qu'un assentiment
général les aidât à disperser les étroites coteries et
imposer silence aux grands pontifes des petites cha-
pelles.

Le succès de l'*Irato* détermina le compositeur à
faire un second pas dans cette voie nouvelle. Ce fut
Bouilly, le déplorable confectionneur du livret du

---

[1] On le voit, Méhul ne se contente pas de la définition un peu étroite
de Jean-Jacques Rousseau : « Musique, art de combiner les sons d'une
manière agréable à l'oreille. » Il aurait certainement adopté celle de
Berlioz : « Art d'émouvoir par des combinaisons de sons les hommes
intelligents et doués d'organes spéciaux et exercés. »

Jeune Henry qui lui présenta celui d'un opéra comique en deux actes : *Une folie*, complètement dénué d'intérêt, mais qui dut à la musique une réception favorable. Peu après la première représentation (5 avril 1802), Méhul, si nous en croyons son collaborateur, étant exaspéré par « les traits venimeux » que lui lançaient les ennemis de sa gloire,... finit par provoquer en duel un de ses éhontés détracteurs auquel il dit, tenant son épée d'une main *ferme mais vacillante* (textuel) : « Ne vous y méprenez pas : si je tremble, ce n'est que de colère. » Ce propos, qui rappelle une célèbre parole de Bailly en marche vers l'échafaud[1], est-il authentique ? Nous l'ignorons, mais il s'accorde bien avec le caractère de Méhul.

Vient ensuite une série d'ouvrages de genres divers mais qui eurent en commun partage de médiocres succès : Il suffit ici de mentionner : *Le Trésor supposé* et *Joanna* (1802), *Daphnis et Pandrose*, *Héléna*, *le Plaisir et la Quittance* et *l'Heureux malgré lui* (1803). Mais il convient de noter la collaboration musicale de Méhul à deux drames d'Alexandre Duval : *Guillaume le Conquérant* et *Les Hussites,* — dont le dernier devait d'abord être un livret d'opéra, et fut très favorablement reçu du public au Théâtre de la Porte Saint-Martin, le 14 juin 1804[2].

---

[1] « Tu trembles de peur, Bailly ? » lui disait un des assistants : « Non, mon ami, c'est de froid. »

[2] Notons en passant que, de 1802 à 1811, Méhul s'était associé avec Cherubini, Kreutzer, Rode, Boieldieu et Nicolo Isouard, pour l'édition en commun de leurs compositions. Ils avaient ouvert un magasin de musique, rue de la Loi n° 268. La signature de la « raison de com-

COMMENCEMENT DE L'AIR DE JOSEPH, AUTOGRAPHE DE MÉHUL

(Bibliothèque du Conservatoire).

Le premier jour de cette même année avait été signalé par la nomination de trois musiciens au grade de chevalier de la Légion d'honneur. A cette époque ce ruban n'honorait que des hommes propres à l'honorer aussi, et Gossec, Grétry, Méhul, que devaient bientôt suivre Lesueur, Monsigny et Dalayrac, furent les premiers compositeurs appelés à le porter. En outre l'auteur du *Chant du départ* se vit offrir par Bonaparte la place de maître de sa chapelle, laissée vacante par la démission de Paisiello qui retournait en Italie. Sur le refus de Méhul qui demanda vainement d'exercer ces fonctions conjointement avec son ami Cherubini, elles furent attribuées à Lesueur. C'est néanmoins pour le couronnement de Napoléon à Notre-Dame, le 2 décembre 1804, que Méhul composa une *Messe solennelle*, qui d'ailleurs n'y fut point exécutée. Elle a été retrouvée à Presbourg, il y a une trentaine d'années, par un savant musicien lyonnais, M. l'abbé Neyrat. Comment avait-elle accompli ce voyage ? Fut-elle emporté par « un officier dilettante de la Grande Armée » pendant la campagne de 1815, comme le suppose M. Eugène Gigout, ou, l'auteur ayant refusé, à cette même époque, d'écrire un opéra pour le théâtre de Vienne, y envoya-t-il en manière de dédommagement cette composition inutilisée à Paris ? Telle est l'hypothèse ingénieusement développée par

merce était : « Cherubini, Méhul et Cie. » (Voir p. 89 le *fac-similé* de la première page de la partition de *Joseph*. Le lecteur y remarquera en même temps le mot *impérial* biffé et remplacé successivement par *royal* et *national*, à la suite du mot *Conservatoire* ; image de la pérennité de l'art et de l'instabilité des formes de gouvernement.)

M. Arthur Pougin et qui semble extrêmement plausible.

Après deux ans de silence, Méhul reparut coup sur coup à la scène. Marsollier avait remanié à son intention un opéra-comique en 3 actes, joué sans éclat vingt ans auparavant, et les *Deux aveugles de Bagdad*, amputés d'un acte, devinrent les *Deux aveugles de Tolède*. Ils ne gagnèrent pas beaucoup à passer du Tigre au Tage, et la musique seule les sauva d'une chute irrémédiable.

V

OSSIAN. — UTHAL — JOSEPH

C'est l'époque où les poésies d'Ossian étaient l'objet d'un culte presque général. En France M de Staël, Joseph Chénier, Baour-Lormian qui les imita avec un réel talent, en Allemagne Herder et Gœthe se signalèrent parmi les admirateurs de ces légendes si ingénieusement arrangées par l'Écossais Macpherson [1]. Napoléon

---

[1] « Un Écossais homme d'esprit qui en avait trop », selon l'expression de Taine. — M de Staël disait fort raisonnablement : « Je suis loin de comparer le génie d'Homère à celui d'Ossian. Aucune parité ne peut donc être établie avec justice entre l'*Iliade* et le poème de *Fingal*. » Joseph Chénier exprimait la même pensée : « Ossian, quoique sombre et monotone, a des beautés d'un ordre peu commun ; mais cet Homère de l'Écosse septentrionale est loin de soutenir la comparaison avec l'Homère de la Grèce. » André Chénier, si profondément hellénique pourtant, s'imaginait avoir tiré du poète écossais quelques-unes de ses inspirations, ainsi qu'en témoigne ce fragment de sa XVIe Élégie :

> *Ma toile* avec Sapho *s'attendrit et soupire*. (?)
> Elle rit et s'égaye aux danses du satyre ;

lui-même en était enthousiaste et charmait par leur
lecture ses mélancoliques loisirs de Sainte-Hélène :
« J'ai aimé d'abord Ossian comme le murmure des
vents et les vagues de la mer », disait-il[1]. Déjà en 1804
Lesueur avait obtenu la faveur de l'empereur et celle du
public par son opéra d'*Ossian* ou *les Bardes*[2]. Les noms
du vénérable chanteur gaëlique, de son père Fingal, de
son fils Oscar fiancé à la belle Malvina, exerçaient toujours un irrésistible pouvoir. Saint-Victor, auteur
oublié d'un poème sur l'*Espérance*, écrivit un acte dans
lequel Malvina, fille de Dunthalmo et femme d'Uthal,
qui se combattent, s'attachait noblement à la destinée
du vaincu : « J'appartiens au plus malheureux », disait-
elle. C'était la même situation qui, deux cent cinquante

> Où l'aveugle Ossian y vient pleurer ses yeux,
> Et pense voir et voit ses antiques aïeux
> Qui, dans l'air appelés à ces hymnes sauvages,
> Arrêtent près de lui leur palais de nuages.

Quant à Goethe, sa ferveur, d'abord très vive, s'attiédit dans la suite ;
et pour justifier la lecture faite par Werther, peu avant son suicide,
d'une page d'Ossian, il s'avisa de dire assez cavalièrement : « Werther,
tant qu'il a sa raison, cite Homère. Il cite Ossian quand il devient fou. »
En 1823 il estime que « le goût d'Ossian » a été pour l'Europe « une
maladie fatale ». — Quoi qu'il en soit, « dans ce temps-là, on *ossianisait*
tout », comme dit l'un des personnages des *Scènes de la Vie parisienne*,
contant que le baron d'Aldrigger avait donné à sa fille le nom de Malvina. (Balzac, *la Maison Nucingen*. — Voir aussi Reybaud : *Jérôme Patu-
rot*. — En 1830, Alfred de Musset traduisait délicieusement, dans un
épisode du *Saule*, le début des *Chants de Selma*. C'est donc à Ossian que
nous sommes redevables de la belle invocation à la « pâle étoile du soir ».

[1] *Mémoires* de Mme de Rémusat.

[2] Depuis ce succès, le portrait du Barde, peint par Gérard et gravé
par Godefroid, faisait les délices des bourgeois épris de poésie ; une
réclame du *Moniteur* les informait que le *Bélisaire* des mêmes artistes
fournissait à cette image un « joli pendant ». D'autre part la parodie
ne manqua point à la gloire des *Bardes*; témoin les *Guimbardes* de
Dupaty, et *Oceossian!* de Francis et Désaugiers.

ans avant notre ère, avait honoré à Sparte Cléonis,
épouse de Cléombrote et fille de Léonidas deuxième du
nom. Mais on ne pouvait exiger que Malvina eût étudié
l'histoire grecque dans le but louable de ne pas la
répéter. En somme cette œuvre, littéraire mais peu
scénique, ne put être sauvée par la musique. Les jour-
naux cependant ne faillirent pas à en célébrer « les chants
nobles et purs, les grands effets d'harmonie », le style
élevé et la facture savante. Ces qualités paraissaient
d'autant plus sensibles que quatre mois auparavant —
Uthal fut joué à l'Opéra-Comique le 17 mai 1806 —
venaient de résonner les rythmes hispaniques des *Deux
aveugles de Tolède*[1].

Un mois plus tard apparaissaient, sur la même scène,
trois actes du chansonnier-librettiste Saint-Just, inti-
tulés : *Gabrielle d'Estrées ou les Amours d'Henri IV*. La
chute en fut complète, et le *Journal de Paris*, toujours
sympathique à Méhul, ne put néanmoins s'empêcher de
lui conseiller pour l'avenir un meilleur emploi de sa
musique, en l'adjurant « de ne pas accoutumer ainsi
nos jeunes auteurs à compter sur le génie d'Orphée
pour la réussite de leurs sottises ».

[1] Nous retrouvons le nom de Méhul joint à celui du Barde, dans le
Chant d'Ossian, paroles d'Arnault, exécuté le 9 juin 1811 à l'occasion de
la naissance du roi de Rome, et dans un chant de circonstance dont le
poème était dû à La Revellière-Lépeaux, *La naissance d'Oscar Leclerc*.
Nous en détachons ces vers significatifs :

> Par sa bonté, par son courage,
> *Du Calédonien fameux*
> Il sera l'a vivante image...
> *D'Ossian compagnon fidèle*
> *Oscar* partagera le sort...

Le révérend Bitaubé, né à Kœnigsberg de réfugiés français, puis fixé à Paris depuis 1770 et connu par ses traductions d'Homère, avait écrit en 1767 un poème en prose assez médiocre sur la touchante histoire de Joseph. Lorsque Napoléon rendit à la France la liberté religieuse, cet ouvrage devint l'objet d'une faveur toute naturelle et les théâtres ne tardèrent pas à s'en emparer. Baour-Lormian, entre autres, fit jouer en 1807 à la Comédie-Française son *Omasis ou Joseph en Égypte*, orné d'une intrigue amoureuse qui ne put en empêcher l'insuccès. D'ailleurs la scène lyrique avait déjà célébré antérieurement le fils de Jacob : sans parler de l'oratorio de Hændel (1745), le *Giuseppe riconosciuto* de Métastase compta trois collaborateurs musicaux, de 1733 à 1748. En Allemagne, un moine bénédictin avait aussi donné son *Joseph*. Mais celui de Méhul devait les surpasser tous.

Le drame en trois actes écrit à son intention par Alexandre Duval semble avoir dû naissance au hasard d'une conversation : Il s'agissait de l'*Omasis* de Baour-Lormian. Duval soutenait que ce sujet, « si intéressant dans la Bible, n'offrait que la reconnaissance des frères, et que tout ce que l'on pouvait se permettre, c'était de faire arriver Jacob en Égypte, et de le rendre témoin du pardon que Joseph accorde à ses frères ». Ces réflexions fort justes étaient écoutées attentivement par Méhul, qui suggéra alors la possibilité de traiter ce sujet de façon à en faire un opéra, ajoutant que nul n'était « plus propre à donner du style et de l'intérêt

à la musique », et engageant le poète à l'accomplisse-
ment de ce dessein. Celui-ci y consentit, et sentant le
besoin d' « amener des situations fortes et saisissantes »,
ne trouva « d'autre moyen d'y parvenir que de faire
un réprouvé de Siméon et un aveugle de Jacob ».
De là des contrastes et des méprises dont l'invention rallia tous les suffrages des amis du librettiste.
Le poëme fut écrit en quinze jours, et bien que primitivement destiné à l'Opéra, fut néanmoins joué à l'Opéra-
Comique, avec lequel Méhul entretenait des relations
plus cordiales. La première représentation eut lieu le
17 février 1807 ; le musicien n'avait donc employé que
deux mois à l'enfantement de ce chef-d'œuvre.

Tout d'abord l'enthousiasme fut grand, mais cette
fois encore le peu de variété et les maladresses du
livret[1] refroidirent promptement la ferveur des audi-
toires, et après treize représentations, le nouvel opéra
dut interrompre sa carrière. Il fut d'ailleurs maintes fois
repris, mais en 1821 comme en 1826, 1851 ou 1862, le
public ne se montra guère plus chaleureux. Les reprises

[1] Lorsque Alexandre Duval écrit des vers tels que ceux-ci :

> Près de trois palmiers solitaires
> J'adressais mes vœux au Seigneur,
> Quand, saisi par ces méchants frères,
> — J'en frémis encor de frayeur !
> *Dans* un humide et froid abîme
> Ils me plongent *dans* leur fureur, etc...

Il rappelle la platitude, mais non la touchante naïveté d'un vieux
cantique marseillais du XVIe siècle, voué au même patriarche :

> O Joseph, ô mon aimable
>   Fils affable,
> Les bêtes t'ont dévoré.
> Je perds avec toi l'envie
>   D'être en vie ;
> Le Seigneur soit adoré !

COSTUMES DE BENJAMIN ET DE JACOB
POUR LA REPRISE DE *Joseph* A L'OPÉRA

Bibliothèque de l'Opéra.

suivantes, de 1866 à 1882, réussirent davantage. En 1899 l'Opéra représenta *Joseph* avec le dialogue parlé mis en récitatifs versifiés par Armand Silvestre et notés par Bourgault-Ducoudray. Malgré le remarquable talent et les soins respectueux de ce musicien, l'œuvre en parut alourdie, comme l'avait paru le *Freischütz* sous la main de Berlioz[1]. Trois semaines plus tard l'Opéra-Comique reprit la version primitive et l'a depuis lors conservée à son répertoire.

Dès le principe la critique sut apprécier à son prix cette admirable partition. Le *Journal de Paris* en louait « le beau caractère, les grands effets d'harmonie entremêlés de chants simples et délicieux ». Le grincheux Geoffroy qui accabla avec sa lourdeur habituelle, agrémentée pourtant de traits plaisants assez justifiés, ce drame, « maigre, languissant et ennuyeux qui ne se soutient que par quelques sentences, quelques sentiments naturels, quelques traits de sensibilité noyés dans une foule d'invraisemblances et de niaiseries », Geoffroy ne laissait cependant pas de reconnaître « le caractère religieux » de cette musique « simple, grave et touchante. Le compositeur, grand harmoniste, a déployé toutes les ressources de son art, en homme qui les connaît bien et sait les employer à propos ». Un jeune

---

[1] Il existe aussi une traduction allemande, avec récitatifs notés par M. Weingartner. Sur le principe même des récits mis en musique, nous pensons, avec M. A. Bruneau, « qu'il ne faut rien changer aux chefs-d'œuvre, que le génie n'a nul besoin de rebouteurs, si adroits, si probes, si dévoués soient-ils, et que, fût-ce Hector Berlioz lui-même, « adaptant » le *Freischütz*, l'arrangeur ne rendit jamais que de dangereux services à l'art. »

poète, qui devait heureusement délaisser la poésie pour
l'histoire et la politique. Guizot dédia « à M. Méhul, après
la représentation de l'opéra de *Joseph* », des vers qui
étaient en plein accord avec la poétique de l'époque,
et dont il suffira de citer un mince échantillon :

> Joseph reparaît à la voix,
> Et, contant sa touchante histoire,
> Vient l'assurer de nouveaux droits
> À nos respects comme à la gloire.

De fait *Joseph* a toujours conservé le rare privilège
d'être unanimement admiré des musiciens, à quelque
nation ou système qu'ils appartiennent. Voici Wagner, se sentant « transporté dans un monde supérieur,
en faisant étudier à une petite compagnie d'opéra *Joseph*,
le magnifique ouvrage de Méhul »[1]. Et voici Berlioz le caractérisant ainsi :

« *Joseph* est celui des opéras de Méhul qu'on connaît
le mieux en Allemagne. La musique en est presque partout simple, touchante, riche de modulations heureuses
sans être bien hardies, d'harmonies larges et vibrantes,
de gracieux dessins d'accompagnement, et son expression est toujours vraie... La prière « Dieu d'Israël »,
où les voix ne sont soutenues que par de rares accords
d'instruments de cuivre, est complètement belle sous
tous les rapports... »

Plus près de nous c'est M. Alfred Bruneau qui

---

[1] Wagner: *Lettre à Frédéric Villot sur la musique*. Ailleurs il parle
de « son grand amour et de son enthousiasme pour cette œuvre ».

écrit, en ces termes marqués d'un si juste enthousiasme : « L'évolution... peu à peu se précise et nous vaut un des plus magnifiques, des plus vénérables, des plus précieux joyaux de notre trésor. Le sentiment de la nature, de la vie, tel qu'il est exprimé dans la souveraine partition de *Joseph*, caractérise essentiellement et splendidement une époque et un milieu. C'est ce qui assure à cette partition de haute noblesse et de rare beauté, longue existence et durable admiration... Dans ce sublime *Joseph*, qui reste son chef-d'œuvre, Méhul s'est mis tout entier avec sa tendresse et sa sensibilité, avec son bon cœur douloureux [1]... »

Le succès persistant de cet ouvrage en Allemagne, attesté par Berlioz, est assurément digne de remarque. Déjà en 1809 l'Autriche l'avait adopté, et six ans plus tard Herold en constatait l'action sur le public viennois : « Presque tous les morceaux ont été applaudis avec enthousiasme... on voit que l'orchestre et les acteurs y mettent tous leurs soins et qu'ils ont un vrai plaisir à exécuter ce bel ouvrage. M. Salieri, qui ne l'avait vu qu'une fois, il y a quatre ans, en a été content et m'a bien félicité d'être l'élève de l'auteur. Ah ! serai je jamais digne de mon maître ?... »

[1] A. Bruneau : *Rapport sur la musique en France du XVIIe au XXe siècle*. Dans un autre ouvrage, l'éminent compositeur a encore loué en *Joseph* « un des plus authentiques, des plus magnifiques chefs-d'œuvre de l'art français », glorifiant « la pureté, la noblesse, la grandeur, la force de cette partition virile et tendre, austère et humaine, aussi définitive, en sa forme particulière, qu'un de ces beaux marbres antiques auxquels vont notre respect et notre admiration ». Il faut lire intégralement cette belle et vibrante étude sur le chef-d'œuvre de Méhul, dans *Musiques d'hier et de demain*.

A Dresde ce fut Weber qui, fidèle à son généreux éclectisme d'après lequel les ouvrages français et italiens devaient paraître devant le public allemand à côté des opéras nationaux, dirigea la première représentation de *Joseph*, le 30 janvier 1817. Le titre en avait été modifié ainsi : *Jacob und seine Söhne* (Jacob et ses fils). Deux jours auparavant, l'illustre musicien, selon une louable habitude qu'il avait contractée à Prague, mettait le public au courant de l'œuvre nouvelle dans l'*Abendzeitung* et résumait ainsi son analyse : « La beauté de telles œuvres ne se prouve pas. Il suffit d'en appeler au sentiment des auditeurs ; les souvenirs et les tristesses de Joseph, les remords et les regrets de Siméon, la douleur du vieux Jacob, son indignation et sa joie sont autant de sujets traités avec le souffle et le talent d'un musicien que nuls principes véritablement nécessaires à son art ne sauraient prendre au dépourvu. Cette partition est une fresque musicale, d'une tonalité un peu grise, mais dont le sentiment, le pathétique et la pureté de lignes défient toute comparaison. Pour relever tous les mérites de ce magnifique poème musical, il faudrait des volumes [1]... »

L'Allemagne a continué de penser comme l'immortel auteur d'*Obéron*, et l'œuvre qu'il louait si hautement est demeurée au répertoire de toutes ses grandes scènes lyriques. L'Italie aussi l'a chaleureusement accueillie,

[1] Weber a laissé un autre témoignage de son admiration pour *Joseph* en prenant la romance de Benjamin (1er acte) comme thème de six variations pour piano (op. 28).

et ceci nous amène tout naturellement à transcrire l'opinion de Cherubini sur *Joseph* : « Tout y est bien senti et bien exprimé ; tout y est remarquable du côté de la mélodie, de l'harmonie et de la facture, car même ces formes scolastiques et savantes, qui approchent du style de la musique d'église, et que Méhul avait mal à propos pris l'habitude d'employer dans les opéras, ne sont point ici déplacées, puisque le sujet de *Joseph* est tiré de la Bible. On dirait que Méhul, après avoir donné consécutivement plusieurs pièces dont le succès n'a pas été marquant, a rassemblé toutes ses facultés en composant la musique de *Joseph*, afin de reconquérir, et le terrain sur lequel il s'était tant de fois distingué, et sa gloire compromise. Ses efforts ont été couronnés, *mais cet ouvrage est le chant du cygne*, car à l'avenir nous n'aurons plus de lui que des travaux qui annoncent que sa santé, atteinte d'un mal sans remède qui le minait depuis longtemps, s'affaiblissait par degrés, ainsi que son génie. »

VI

LE DECLIN. — LES DERNIÈRES ŒUVRES.
VALENTINE DE MILAN. — LE CULTE DES FLEURS.
DERNIER VOYAGE. — SUPRÊME VOYAGE.

Méhul cependant n'était âgé que de cinquante-trois ans, mais le « mal sans remède » l'avait déjà marqué pour sa victime. C'était celui auquel avait, l'année précédente

succombé Millevoye qui semblait l'avoir prévu dans sa
plus célèbre élégie, et, comme le « Jeune malade », le
musicien pouvait redire :

> ... de sa froide haleine
> Un vent funeste m'a touché.

La phtisie, — puisqu'il faut l'appeler par son nom —
le minait sourdement, et l'état de sa santé influait sur
celui de son caractère qui devenait chaque jour plus
ombrageux et plus sombre. L'excellente bonté de son
cœur ne le défendait pas contre sa tendance à voir partout des inimitiés et des persécutions s'adressant, soit à
lui-même, soit à ses amis. En 1806, écrivant au compositeur Plantade pour le mettre en garde contre une
intrigue — réelle ou non — ourdie par Lesueur et
Grétry : « Fais ton profit de cet avertissement amical,
concluait-il, et ne me compromets pas. J'ai déjà assez
d'ennemis. » Ses insuccès réitérés lui causaient un
vrai désespoir qui se tournait en jalousie contre d'heureux rivaux : « Je ne crois pas être envieux, » s'écriait-
il, « et pourtant les succès des autres me font mal ; je
l'avoue pour l'expier en le disant. »

Si quatre symphonies composées par Méhul de 1808
à 1810 et exécutées au Conservatoire furent fort applau-
dies, et comparées, non sans justesse, à celles de
Haydn, si des cantates officielles continuèrent à l'assu-
rer de la bienveillance impériale, en revanche le succès
de son ballet de *Persée et Andromède* (8 juin 1810 et

de son opéra écrit sur un livret de Jouy : *les Amazones ou la Fondation de Thèbes* (17 septembre) ne
contribua pas à le réconforter. M. de Jouy assurément n'était pas un auteur ordinaire : Ancien officier de marine, ayant guerroyé contre les Anglais
pour le compte de Tippo Saëb, et même perdu deux
doigts en ces aventures, il écrivit cet *Ermite de la
Chaussée d'Antin*, d'où, si nous en croyons le bon
Legouvé, est parti tout le Parisianisme, et rédigea
aussi les livrets de *la Vestale* et de *Guillaume Tell*,
sans oublier *Sylla*, tragédie célèbre alors parce
que Talma y paraissait, le front orné de la mèche na-
poléonienne. Il possédait au reste beaucoup d'esprit
et se moquait fort agréablement des vers de *Guillaume Tell*, en quoi il était soutenu par l'opinion
générale. Seulement il attribuait les plus mauvais à
« cet imbécile d'Hippolyte Bis » son collaborateur, ce
qui démontre l'incontestable utilité de la collaboration.
On ne voit cependant pas comment Hippolyte Bis lui-
même eût pu empirer le lyrisme des *Amazones*. Ces
estimables guerrières succombèrent sous l'indifférence
du parterre, qui cependant trouva à la fin de la pièce
l'occasion de se dérider. L'acteur Bertin qui personni-
fiait Jupiter et devait descendre des frises dans une
« gloire » radieuse, oublia d'y prendre place. Le machi-
niste n'en fit pas moins manœuvrer son appareil, mais
le souverain des dieux fut forcé d'arriver à pied sur la
scène, ce qui lui enleva la plus grande part de son pres-
tige, en excitant par contre une vive hilarité chez

l'empereur et son auguste épouse, surpris à bon droit de rencontrer un intermède comique en une tragédie musicale[1].

Méhul, profondément atteint par cette nouvelle défaite, écrivit à Jouy une lettre douloureuse dans laquelle il s'accusait de lui avoir porté malheur. « Je suis meurtri, je suis écrasé, dégoûté, découragé ! Il faut du bonheur, le mien est usé. Je dois, je veux me retrancher dans mes goûts paisibles. Je veux vivre au milieu de mes fleurs, dans le silence de la retraite, loin du monde. »

Nous mentionnerons en passant *le Prince troubadour* (24 mai 1813), dont les paroles provenaient du librettiste de *Joseph*. Ce sujet de pendule ne réussit guère à Méhul, et sa tristesse s'en augmenta. Quatre ans plus tard, prononçant l'éloge funèbre de Grétry, dont il résumait ainsi la carrière réellement heureuse : « Honoré à la cour, honoré à la ville, la gloire, la faveur, la fortune ont été le prix de ses travaux, » il ne pouvait s'empêcher de remarquer ce qu'une telle destinée offrait d'exceptionnel, et c'est évidemment à lui-même qu'il adressait ces mots amers : « Si, avant de consacrer ses veilles à l'étude des beaux-arts, on pouvait savoir à quel prix s'achète la renommée, les hommes

---

[1] C'était la vérification expérimentale des railleries adressées, plus d'un siècle auparavant, à l'abus des « machines » par La Fontaine, dans son *Épître à M. de Niert sur l'Opéra* :

> Souvent au plus beau char le contrepoids résiste ;
> Un dieu pend à la corde et crie au machiniste ;
> Un reste de forêt demeure dans la mer,
> Ou la moitié du ciel au milieu de l'enfer.

doués d'une âme fière et sensible préféreraient une vie obscure à un éclat trop envié pour n'être pas la source de tous les chagrins. »

À ce moment, Napoléon qui luttait sur le territoire même de la France contre l'invasion étrangère s'efforçait de ranimer, par la représentation scénique des actions héroïques de notre histoire, l'espérance au cœur des Parisiens[1]. Le temps pressait. Entre autres improvisations se produisit celle de *l'Oriflamme*, dont Étienne et Baour-Lormian écrivirent le poème, tandis que Méhul, Paër, Kreutzer et Berton collaboraient pour la musique. Le héros principal, Charles-Martel, excita l'enthousiasme des royalistes, ce qui allait à l'encontre du but poursuivi ; mais la presse officielle ne s'en montra pas moins fervente, et la soirée du 1ᵉʳ février 1814 — suivant de trois jours la victoire de Brienne — fit regretter au *Moniteur* la spaciosité des théâtres anciens, « où une ville entière assistait aux solennités musicales et venait s'y pénétrer d'un même sentiment[2]. »

Les années qui suivirent, avec leurs terribles désastres, et aussi les procédés du gouvernement de

[1] Ces moyens, qui peuvent paraître bizarres ou inefficaces, répondaient à une réelle nécessité. Ainsi que Béranger l'a très finement indiqué dans sa *Biographie*, un certain engourdissement avait envahi la population, même en ce qui regardait les sentiments « qui nous sont le plus naturels ». Il ajoute, en parlant de l'empereur : « Sa fortune nous tint longtemps lieu de patriotisme ; mais comme il avait absorbé toute la nation en lui, avec lui la nation tomba tout entière, et dans notre chute nous ne sûmes plus être devant nos ennemis que ce qu'il nous avait faits lui-même. »

[2] Le 1ᵉʳ février, à l'Opéra où l'on donnait la première représentation

Louis XVIII à l'égard de la France en général, — et du
Conservatoire en particulier, atteignirent chez Méhul le
citoyen et l'artiste. Ce dernier puisa néanmoins en son
imagination les ressources nécessaires à la notation d'un
livret d'opéra-comique : *La journée aux aventures*, de
Maizières et Capelle, constituait un assez bon texte
où d'étranges *quiproquos* tenaient en haleine l'attention des auditeurs. La première représentation, donnée le 16 novembre 1816, réussit à merveille et les
soixante-cinq suivantes n'épuisèrent pas l'empressement
du public.

Tel fut l'adieu de Méhul au théâtre. Nous croyons
toutefois devoir, avant d'achever le récit de sa vie,
mentionner une dernière œuvre : *Valentine de Milan*,
représentée à l'Opéra-Comique le 28 novembre 1822, —
cinq ans après la mort du compositeur. Bouilly en
avait tracé le livret, dont la médiocrité ne se rachetait
pas suffisamment par le nombre de hauts personnages
qui y évoluaient : Prince, grand-duc, connétable, sans
compter les dames. On y remarquait, à la vérité, un
médecin, mais il était « célèbre, ami et confident du
prince Louis », ce qui ne pouvait que rehausser le pres-
tige du corps médical. Il se trouvait au surplus accompagné d'un protagoniste, unique sans doute dans les
fastes du théâtre : Laurencia, « pharmacienne de cinquante ans, retirée au village ». Cette femme honnête,

de *l'Oriflamme*, le public nombreux et enthousiaste s'attendait à voir
l'impératrice, le roi Joseph et même le roi de Rome, et à entendre sur la
scène l'annonce de la grande victoire. Henry Houssaye, *1814*.

prolixe, et portant toujours « en santoir sa boîte de
pharmacie », ne dédaignait pas entre temps d'arrêter « à
travers les rochers le coursier fougueux » qui emportait
un prince. Elle s'exprimait du reste en un style dont le
lyrisme pharmaceutique répandait sa contagion sur
tout le poëme, et dont voici un spécimen :

> Mais pour l'or et la dignité
> Je n'troqu'rois pas en vérité
> Mes blessés, mon obscurité :
> La plus douce félicité
> C'est de servir l'humanité ! *(quater)*

Admirons le génie du musicien qui sut tirer parti de
ces bons sentiments et les faire servir de texte à une
partition pleine de vigueur et de noblesse ! L'auditoire
reçut chaleureusement cette œuvre que les circonstances rendaient encore plus dignes de sympathie.
L'ombre de Méhul fut indubitablement sensible à la
cérémonie qui termina la première représentation, et
pendant laquelle de nouveaux vers du coriace Bouilly
furent chantés sur l'air : *A peine au sortir de l'enfance.*
Ajoutons que la musique avait été revue et les études
présidées par Daussoigne, le propre neveu du compositeur, qui put à bon droit se targuer d'avoir été « le
fidèle et loyal interprète des mânes de son oncle et de
son maître [1] ».

« Je veux vivre au milieu de mes fleurs, dans le silence

[1] Dédicace de *Valentine de Milan* à « Son excellence Mgr le duc
d'Aumont ».

de la retraite, loin du monde... » Ces paroles citées plus haut exprimaient les plus intimes aspirations de Méhul. Toujours il avait aimé les fleurs; il les avait cultivées dans le jardin de l'Abbaye aux jours lointains de son enfance, et quand sonna l'heure de la lassitude et de la désillusion il se tourna de nouveau vers ce que Voiture appelait « le plus pur et le plus bel ouvrage de la terre ».

A Pantin, dans son « asile champêtre », comme on disait alors, il avait réuni une riche et considérable collection de tulipes qu'il soignait passionnément. Loin de penser, avec Joubert, que ce fussent des « fleurs sans âmes », il les recherchait dans leurs variétés les plus rares, opérant des échanges avec de célèbres collectionneurs et entretenant, au profit de son jardin, une copieuse correspondance[1]. A propos des renoncules, le grand musicien disait qu'un parc de ces fleurs « bien choisies et distribuées était à l'œil ce qu'était à l'oreille la musique de Mozart et de Gluck ». Il eût pu y ajouter la sienne. Peut-être l'âme de Méhul, si sensible aux jeux des couleurs et des mouvements des fleurs agitées par les brises, éprouvait-elle, pareille à celle du divin Shelley, ces ineffables émotions musicales que le

---

[1] On peut rapprocher cette passion de Méhul pour les tulipes de celle que ressentirent son contemporain Catel et plus tard Félicien David pour les roses. Notons toutefois que le goût du premier n'était pas exclusif : « J'ai des collections de roses, de jacinthes, d'œillets, de renoncules et d'oreilles d'ours que j'aime beaucoup, j'ai une affection particulière pour la tulipe : *ses variétés infinies m'enchantent.* » (Lettre à un horticulteur, décembre 1813.)

poète a exprimées, dans la *Plante sensitive*, en vers
malheureusement intraduisibles [1].

Il allait, avec un mélancolique humour, au-devant
des objections que pouvait soulever sa consolante passion : « Un amoureux bien épris et un fleuriste ont la
tête aussi dérangée l'un que l'autre. Le fleuriste a des
jouissances moins vives mais plus durables. L'objet de
son culte ne dit rien à l'âme, mais il ne la tourmente
pas ; la jalousie et l'inconstance, qui font tant de mal en
amour, sont inconnues en *fleurissomanie*. Plus près de
la nature, plus loin des hommes, les fleuristes sont
presque toujours de bonnes gens, qu'il faut aimer... »

Il écrivait ces lignes en 1813. L'année suivante,
l'Anglais Charles Neate disait, en parlant de Beethoven,
qu'il n'avait jamais rencontré « un homme qui aimât
davantage la nature, qui prît tant de joie à la vue des
fleurs... » Et cinq ans plus tard Lamartine devait, dans
le Vallon, témoigner magnifiquement de la même passion
en exaltant la puissance consolatrice de la nature :

Mais la nature est là qui t'invite et qui t'aime ;
Plonge-toi dans son sein qu'elle t'ouvre toujours :
Quand tout change pour toi, la nature est la même,
Et le même soleil se lève sur tes jours...

[1]   And this breath was mixed with fresh odour sent
From the turf, *like the voice and the instrument.*

. . . .
. . . . , *a sweet peal anew*
Of music so delicate, soft, and intense,
It was felt like an odour within the sense. »

(Shelley, *The sensitive plant.*)

Ceux de Méhul étaient comptés : ces jours « sombres et courts comme les jours d'automne » penchaient vers un rapide déclin. Au début de 1817 les médecins l'envoyèrent dans le Midi. Arrivé à Lyon où il séjourna durant une huitaine, il écrivait à Mᵐᵉ Kreutzer : « Je suis, à Lyon comme à Paris, un fantôme qui fait peur aux petits enfants et qui a le bonheur d'être aimé des grands... *Je ne vis plus que par le cœur.* Je n'ai que la force de vous dire que je vous aime à la vie et à la mort. » Un cœur délicatement bon s'affirme ici comme en mille autres rencontres. — Arrivé à Montpellier, Méhul oublie ses souffrances pour féliciter son élève Herold du succès de son premier ouvrage, *les Rosières*. De là il se transporte à Hyères. Sa santé ne s'en améliore pas : « J'ai encore maigri, mande-t-il à Mᵐᵉ Kreutzer, je ne me trouve passablement qu'au lit, le corps se repose et la pensée s'éveille. C'est une bien bonne et bien mauvaise chose. Je ne lui sais gré que quand elle m'entretient de nos amis et de mon retour près d'eux. » Il ne croyait guère à ce retour, ainsi qu'en témoignent d'autres lettres. « *Seul*, au bout du monde, dans une auberge », entouré de gens dont il ne peut comprendre le langage, la solitude aggrave la maladie. Sans doute les hôteliers sont d'assez bonnes gens, mais « les jours où il arrive des voyageurs, le monsieur malade est un peu oublié ». Lui, à bout de forces, a tellement perdu le goût de la musique qu'il hésiterait si on lui demandait « combien il y a de notes dans la gamme ». D'Hyères il gagne Marseille où l'on organise

DÉCOR DU DEUXIÈME ACTE DE *Joseph*

(D'après la maquette de L. Jusseaume, Opéra-Comique.)

en son honneur un grand concert suivi, deux jours
après, de représentations de *Joseph* et d'*Hélène*. Enfin il
revient vers la capitale et y arrive au commencement de
mai. Il retourne aussitôt à Pantin, parmi ses fleurs ché-
ries. L'automne le ramène de force à Paris, « occupé à
tousser du matin au soir et souvent du soir au matin »
dans son logis de la rue Montholon [1]. C'est là qu'il
rendit le dernier soupir, le 18 octobre 1817 à six heures
du matin.

D'unanimes regrets saluèrent sa mort, et les honneurs
officiels s'accordèrent avec les larmes des amis pour recon-
naitre que Méhul était « du petit nombre d'hommes qui
n'ont pas à redouter le jugement de la postérité ». Il repose
au cimetière du Père Lachaise, sous un monument très
simple, abrité d'une verdure touffue. Une colonne, que
surmonte une urne funéraire, porte cette inscription :

E.-N. MÉHUL

MEMBRE DE L'INSTITUT

ET DE LA LÉGION D'HONNEUR

NÉ A GIVET

LE 22 JUIN 1763

MORT A PARIS

LE 18 OCTOBRE 1817

Près de son tombeau se trouvent ceux de ses amis

[1] C'est la maison qui porte actuellement le n° 28. On sait que le nom
de Méhul a été donné à une rue de Paris.

Cherubini, Grétry, Lesueur, Boieldieu, Hérold, Vandaël, et ceux de Chopin et de Bellini.

VII

L'ESTHÉTIQUE DE MÉHUL. — SON ŒUVRE, SA PERSONNE. CONCLUSION

« Il me semble, » écrivait Méhul à son ami Berton pour le complimenter de sa partition du *Chevalier de Sénange*, « que tu as saisi avec un goût exquis le point où il faut s'arrêter *pour ne pas déclamer sans mélodie, pour ne pas chanter* sans intention dramatique. » Il n'aurait pu mieux définir sa propre esthétique, et ces lignes pourraient servir d'épigraphe au jugement qu'en a porté Berlioz :

« Son système en musique, si tant est que l'on puisse appeler système une doctrine semblable, était le système du gros bon sens, si dédaigné aujourd'hui. Il croyait que la musique de théâtre, ou toute autre destinée à être unie à des paroles, doit offrir une corrélation directe avec les sentiments exprimés par ces paroles ; qu'elle doit même quelquefois, lorsque cela est amené sans effort et sans nuire à la mélodie, chercher à reproduire l'accent de voix, l'accent déclamatoire, si l'on peut ainsi dire, que certaines phrases, que certains mots appellent, et que l'on sent être celui de la nature[1]... Il

[1] On sait que c'est autour de la définition du mot « nature » que se livrèrent toutes les batailles musico-littéraires au xviiie siècle. « L'art »,

croyait que pour certains élans du cœur humain il y a
des accents mélodiques spéciaux qui seuls les expriment
dans toute leur vérité, et qu'il faut à tout prix trouver,
sous peine d'être faux, inexpressif, froid, et de ne point
atteindre le but suprême de l'art.

« Il ne doutait pas non plus que, pour la musique
vraiment dramatique, quand l'intérêt d'une situation
mérite de tels sacrifices, entre un joli effet musical
étranger à l'accent scénique ou au caractère des personnages, et une série d'accents vrais, mais non pro-
vocateurs d'un frivole plaisir, il n'y a point à hésiter. Il
était persuadé que *l'expression musicale est une fleur
suave, délicate et rare, d'un parfum exquis, qui ne fleurit
point sans culture et qu'on flétrit d'un souffle; qu'elle ne
réside pas dans la mélodie seulement, mais que tout
concourt à la faire naître ou à la détruire : la mélodie,
l'harmonie, le rythme, l'instrumentation,* le choix des
registres graves ou aigus des voix ou des instruments,
le degré de vitesse ou de lenteur de l'exécution, et les
diverses nuances de force dans l'émission du son... que
les vrais maîtres de l'art ont toujours été doués plus ou
moins de qualités très musicales unies au sentiment de
l'expression[1]. »

Oui, Méhul savait toutes ces choses, et par là il rele-

écrivait Le Batteux, « ne peut pas sortir de la nature : c'est un principe ». D'autre part, l'artiste devait, non « imiter la nature telle qu'elle
est, mais telle qu'elle peut être, et telle qu'on peut la concevoir dans
l'esprit ». C'était plutôt vague, et chaque système y pouvait trouver
son compte.

[1] Berlioz : *Les Soirées de l'orchestre*, deuxième épilogue.

vait à la fois de Gluck et de Mozart, ses deux maîtres de prédilection. « Moins *âpre au cœur* » que l'auteur d'*Orphée*, suivant la pittoresque expression de Berlioz, plus sobre et plus châtié dans son style, avec une ampleur moindre il atteint souvent à une profondeur égale. A l'auteur de *Don Juan*, au maître qu'il disait n'avoir « jamais eu la pensée de comparer à personne », il semble en maintes rencontres avoir ravi le secret de ces mélodies écloses au fond d'un cœur aimant, et qui sans effort prennent vers le ciel leur vol divinement mélancolique[1].

Nous en pouvons citer comme exemples le début de l'air de *Joseph* : *Champs paternels*; celui de *Stratonice* : *Versez tous vos chagrins*; et la romance d'*Ariodant* : *Femme sensible*. Mais combien d'autres seraient dignes de figurer à côté d'eux ! Dans ses effusions discrètes, la mélodie de Méhul semble vouloir se dérober à l'attention, se faire seulement reconnaître d'une oreille amie et s'évanouir dans l'ombre. Nulle plus qu'elle ne mériterait d'avoir inspiré à Musset les vers de son immortelle élégie :

> Douce langue du cœur, la seule où la pensée,
> Cette vierge craintive et d'une ombre offensée,
> Passe en gardant son voile et sans craindre les yeux !

[1] On retrouve chez César Franck un écho de la mélodie de Méhul : « Les mélodies, fraîches et ingénues (de son oratorio *Ruth*), ressortant d'une évidente fréquentation avec les œuvres de Méhul, ont assez souvent un aspect d'originalité pour celui qui connaît l'œuvre entier de Franck. » Plus loin, à propos du duo entre Ruth et Booz, il est question du « dialogue très simple et assez apparenté avec les scènes entre Jacob et Benjamin du *Joseph* de Méhul ». (Vincent d'Indy, *César Franck*.)

Pour Méhul, la musique étant « fille de la poésie », il s'attache tout d'abord, dans sa mélodie, à une juste interprétation du texte. Rien ne caractérise mieux cette étroite union que les paroles suivantes de M. Saint-Saëns : « Méhul avait les dons mélodiques et dramatiques[1]. »

Incontestablement il aurait pu signer la profession de foi exprimée par Gluck dans l'épître dédicatoire de la partition italienne d'*Alceste* : « Je songeai à réduire la musique à sa véritable fonction qui est de seconder la poésie dans l'expression des sentiments et des situations de la fable, sans interrompre l'action ou la refroidir par des ornements inutiles et superflus, et je crus que la musique devait être à la poésie, comme, à un dessin correct et bien disposé, la vivacité des couleurs et le contraste bien ménagé des lumières et des ombres, qui servent à animer les figures sans en altérer les contours. » Au reste cette doctrine que Méhul devait faire sienne, Gluck ne l'avait-il pas héritée de Rameau, très explicite à ce sujet : « Un bon musicien doit se livrer à tous les caractères qu'il veut dépeindre, et, comme un habile comédien, se mettre à la place de celui qui parle; se croire dans les lieux où se passent les différents événements qu'il veut représenter, et y prendre la même part que ceux qui y sont les plus intéressés; être bon déclamateur..., sentir quand la voix doit s'élever plus

---

[1] Cette appréciation est extraite d'une lettre que le maître nous a fait l'honneur de nous écrire, dont le début sert d'épigraphe à cette étude et dont seront cités plus loin d'autres passages.

ou moins, pour y conformer sa mélodie, son harmonie, sa modulation et son mouvement [1].» Et Grétry ne reprendra-t-il pas — en l'exagérant quelque peu — le même principe, lorsqu'il s'écriera : « Il faut que le chant *imite* la parole [2]. »

Méhul, lui, a su toujours observer à cet égard la plus judicieuse modération. Assurément il ne gênera jamais la marche du texte, mais il ne laissera pas davantage celui-ci modifier l'essor de sa mélodie. Mme de Staël n'at-elle point comparé la puissance de la mélodie à celle de la grâce divine qui « tout à coup transforme les cœurs » ?

L'harmonie, chez Méhul, est presque toujours parfaitement appropriée à la mélodie qu'elle doit soutenir et parfois envelopper : « Ses accompagnements », disait Cherubini, « sont distribués avec esprit et avec effet. » Ailleurs, à la vérité, il semble infirmer cette appréciation, en écrivant, à propos de *Mélidore et Phrosine* : « Le goût dominant de Méhul dans sa musique était de produire des effets d'harmonie inattendus et précipités. Souvent, ces brusques transitions, étant trop étrangères au ton principal du morceau, devenaient incohérentes et dures. » Mais on a vu plus haut qu'*Ariodant* modifia complètement son opinion à cet égard. D'ailleurs le génie scolastique de Cherubini s'était probablement alarmé outre mesure de certaines violences que justifient, pensons-

---

[1] Rameau : *Traité d'harmonie.*
[2] Grétry : *Mémoires sur la musique.*

FAC-SIMILE DES PREMIÈRES PAGES DE PARTITIONS DE MÉHUL
Bibliothèque du Conservatoire.

nous, les situations dramatiques auxquelles elles se trouvent associées.

Quant à l'instrumentation de Méhul, Berlioz la loue hautement : « Dans *Joseph*, comme dans la plupart de ses autres partitions, l'orchestre est traité avec un tact parfait, un bon sens extrêmement respectable ; pas un instrument n'y est de trop, aucun ne laisse entendre une note déplacée. » Sans doute il le voudrait plus énergique et plus coloré[1], la sobriété n'étant pas la qualité la plus prisée par l'illustre auteur des *Troyens*, mais il ne laisse pourtant pas de la préférer « mille fois à l'abominable et repoussant travers qu'il faut renoncer à corriger chez la plupart des compositeurs dramatiques modernes... aux bruits grossiers et ridicules... qui n'ont rien de musical et qui ont rendu nos orchestres de théâtre les émules de ceux » qui se font entendre « dans les foires de villages ». — En écrivant ces lignes Berlioz ne se doutait guère qu'il se montrait encore plus prophète que critique.

« L'orchestration intéressante de Méhul », affirme M. Saint Saëns, « est très supérieure à celle de ses contemporains et le classe tout à fait à part des compositeurs français de son époque. » En effet, il y fait preuve d'un judicieux discernement dans le choix et l'emploi des timbres, et sait les mélanger avec une rare entente du coloris. Un critique le félicita d'avoir traité,

[1] Cependant Grétry avait pu écrire à bon droit dans ses *Essais* : « Méhul a triplé la puissance de l'orchestre par son harmonie surtout propre à la situation. »

dans l'ouverture des *Aveugles de Tolède*, les instruments à vent avec un goût exquis. C'est dans ce morceau qu'il employa, en une intention pittoresque, le bois de l'archet pour marquer le rythme d'un accompagnement. Dans l'ouverture de *Stratonice* les timbales sont recouvertes d'un voile. Bien d'autres ouvrages allaient prouver que, si sa lyre possédait la corde d'airain, elle n'était point pour cela dépourvue des autres, et que la main du compositeur en devait tirer aussi les sonorités les plus fines et les plus suaves. Nulle part néanmoins ces dernières n'apparaîtront plus évidentes qu'en cette exquise partition « sans puissante envergure, sans grand effet dramatique », et dont « le charme délicat est tout dans la pureté de son style, dans son expression émue et colorée, avec ces accents tendres et mélancoliques qui sont parmi les qualités les plus personnelles et les plus élevées du maître[1] ». « Assurément une reprise de *Stratonice* serait une évocation du plus haut intérêt[2]. »

Toute différente, mais non moins digne d'attention nous apparaît la partition d'*Ariodant*. Tour à tour chevaleresque et sombrement dramatique, elle offre une grande variété d'inspirations toujours en complète union avec la situation scénique. Dès l'abord le début même de l'ouverture, présenté par trois violoncelles divisés que soutient un quatrième violoncelle appuyé

[1] Henri de Curzon : *Musiciens du temps passé.*
[2] C. Saint-Saëns. *loc. cit.*

des contrebasses, frappe par son originalité[1]. Plus loin le prélude orchestral et le chœur dont il est suivi : *O nuit propice à l'amour !* peuvent sans conteste être rangés au nombre des plus belles compositions qu'ait inspirées la nuit : parmi les chuchotements des instruments à cordes les cors ébauchent une lointaine fanfare de chasse, la flûte et le violon y répondent, auxquels viennent bientôt se joindre les dialogues de la clarinette et du basson. Puis un double chœur, qu'interrompt un moment la sereine romance, célèbre l'hymne mystérieux de l'amour et de l'ombre... Cette admirable invocation mérite d'être citée auprès de telles pages du *Freischütz*, du *Songe d'une nuit d'été*, du *Désert*, de *Béatrice et Bénédict*. On se prend seulement à regretter qu'au lieu d'un quatrain quelconque, l'auteur n'ait pas eu pour texte les vers divins que Shakespeare a placés dans la bouche de Lorenzo dans son *Marchand de Venise*.

C'est encore au *Freischütz*, mais dans une note tout opposée, que fait songer l'air superbement farouche d'Edgard, avec sa large mélodie chantée par les violons, et ces rythmes brisés dont Weber tira un si merveilleux parti. L'œuvre entière est toute frémissante de passion

[1] « Cette ouverture offre ce caractère particulier qu'elle pourrait bien avoir inspiré à Rossini l'admirable introduction de l'ouverture de *Guillaume Tell*... Si Rossini n'a pas connu la partition d'*Ariodant*, ce qui m'étonnerait un peu, il est juste du moins de constater que l'effet cherché et obtenu par lui avait été entrevu par Méhul trente ans auparavant. » (Arthur Pougin, *Méhul*.) Une lecture superficielle de la partition a seule pu entraîner H. Lavoix, dans son *Histoire de l'instrumentation* (ouvrage d'ailleurs estimable) à mentionner un trombone au lieu du 1er violoncelle solo.

et d'ardeur. Elle représente éminemment le côté dramatique du génie de Méhul [1].

Par contre, tout cet éclat s'estompe et souvent s'éteint dans *Uthal*. « La plaintive élégie en longs habits de deuil » y domine, non certes sans monotonie mais non pas aussi sans grandeur. « La couleur mélancolique, nuageuse, ossianique enfin [2] » de l'instrumentation, fatigante à la longue pour l'auditeur insuffisamment *ossianisé*, force néanmoins l'admiration par cette « âpreté sauvage et grandiose qui rendait, pour ainsi dire, palpable le merveilleux des mythologies scandinaves [3] ». La belle et sombre ouverture (dont la première mesure

[1] Méhul avait fait précéder cette partition de « quelques réflexions » dans lesquelles, après avoir constaté que « la musique est de tous les arts le plus généralement cultivé, le plus universellement aimé, et cependant le moins connu dans les causes qui produisent ses plus grands effets dramatiques », il formulait le désir de voir les compositeurs illustrer leurs ouvrages de commentaires rendant « un compte détaillé de leurs intentions, des moyens qu'ils ont employés pour les exprimer, des principes qui les ont dirigés, des règles qu'ils ont suivies et des convenances qu'ils ont observées par rapport au genre qu'ils ont traité ». On sait que ses prédécesseurs au xviii° siècle, et aussi ses contemporains ne s'étaient pas privés de ces sortes d'*examens* et *préfaces* analogues à ceux dont Corneille et Racine accompagnèrent leurs tragédies. Toutefois Méhul se refuse à « placer l'exemple à côté du précepte », de peur d'être accusé par ses ennemis d'égoïsme et de vanité, et laisse « aux maîtres de toutes les écoles... l'honneur de poser les fondements d'un édifice qui s'élèvera d'âge en âge, et qui attestera leur gloire aux siècles futurs ».

[2] Berlioz : *les Soirées de l'orchestre*.

[3] Vieillard, *Méhul, sa vie et ses œuvres*. Pour mieux marquer cette âpreté et cette mélancolie, le musicien avait supprimé les violons que remplaçaient des quintes (ou altos) divisées en deux groupes. C'est à ce propos que Grétry s'écria : « Je donnerais deux louis pour entendre une chanterelle. » Cet effet original a été en outre employé par Méhul dans un *Chant funèbre* retrouvé et analysé par M. J. Tiersot.

reproduit identiquement celle de l'ouverture de *Joseph*)
est dramatisée par l'appel, deux fois jeté à travers la
tempête, de Malvina à son père. Le décor est ainsi posé
par l'orchestre, avec son horizon voilé et l'obscurité de
ses forêts profondes. Mais cette mélancolie, si simplement et si puissamment exprimée, ne demeure point
sans douceur : quelle sérénité dans cet *Hymne au
soleil* que chantent quatre bardes accompagnés par la
harpe, les flûtes et les cors ! Quelle exquise tendresse
dans la romance d'*Uthal* sous laquelle murmure discrètement la première corde d'un violoncelle ! D'autre
part, quelle mâle énergie dans les hymnes belliqueux
confiés aux « bardes de la guerre ! » Après un court
prologue, trois coups de tam-tam, passant du *forte* au
pianissimo, amènent un thème dont la vigueur contraste
très heureusement avec la tristesse des morceaux précédents. *Uthal* nous semble à son tour représenter, en
dépit de l'exotique romantisme de ce poème, l'aspect
classique du génie du compositeur.

« Il y a plus d'une affinité entre le génie de ces deux
illustres musiciens (Gluck et Méhul), et Méhul devait
accomplir dans la forme de l'opéra-comique la même
révolution que celle accomplie par Gluck dans l'opéra. »
Ainsi s'exprimait Massenet[1], mais tout en approuvant
sans réserves la première partie de son assertion, nous
ne pouvons souscrire à la seconde. C'est assurément
par ses opéras que Méhul, sans qu'en soit aucunement

---

[1] *Discours prononcé à l'inauguration de la statue de Méhul à Givet,
le 2 octobre* 1892.

diminuée son originalité, appartient à la grande lignée
de Lully, de Rameau et de Gluck[1]. Quant à l'opéra-
comique, nous estimerions injuste de l'opposer dans ce
domaine à Grétry, Nicolo, Boieldieu ou Monsigny[2].

Cependant, remarquons avec Marsollier, l'auteur du
poème de l'*Irato*, par lui-même jugé « gai, fou, sans intrigue ni intérêt », — que le public « y venait, y riait, y
payait », — donc qu'il y prenait un réel plaisir. Aussi bien
le *duetto* de Lysandre et de Scapin est une amusante parodie de la manière italienne, et l'air qui le suit est encore
plus typique à cet égard : « Ombres de mes prédécesseurs ! » s'écrie le rusé valet, « et vous, dieux protecteurs
des Scapins, des Crispins, des Frontins, venez tous
m'inspirer ! » (Sur quoi l'orchestre attaque trois violents
accords.) « Mais que dis-je ? reprend notre héros, le
récitatif m'apparaît ! » (Nouveaux accords.) « Le *canta-
bile* vient. » (Suivent trois mesures d'un *adagio* rappelant de très près le début de l'*andantino* de la *Fantaisie*
en *ut mineur* de Mozart, — coïncidence évidemment
fortuite.) « Le rondeau suit. » (Il s'ébauche effectivement avec une railleuse naïveté.) « La terrible ritournelle se fait entendre... Elle m'ordonne de commencer[3]. » (L'orchestre suit fidèlement ces indications.)

[1] « Le système que Lully appliqua aux poèmes de Quinault a toujours depuis caractérisé au théâtre ce qu'on appelle la musique française. » (Lamennais : *Esquisse d'une philosophie*.)

[2] Ce dernier appelait en plaisantant Méhul *Don Serioso*.

[3] « RITOURNELLE. Trait de symphonie qui s'emploie en manière de prélude à la tête d'un air dont ordinairement il annonce le chant... » (Jean-
Jacques Rousseau, *Dictionnaire de musique*.) On voit que Scapin connaît les règles et la tradition !

MÉHUL VERS L'ÂGE DE QUARANTE-CINQ ANS
(D'après la gravure de QUENEDEY).

Enfin l'astucieux personnage déroule avec toute la verve requise ses malédictions, ses invocations au « cruel... très cruel... trop cruel... bien cruel destin », ainsi que ses interminables litanies amoureuses.

Le quatuor est trop connu pour qu'il soit utile d'en louer la spirituelle ordonnance et les amusants détails. Un trio non moins bien venu offre des effets de vocalises et de point d'orgue à l'italienne d'un irrésistible entrain, et un brillant *finale* clôt dignement cette œuvre, en somme bien propre à nous faire admirer la souplesse d'esprit et la légèreté de main du compositeur. Elle représente donc, plus qu'honorablement, le côté comique du génie de Méhul.

Est-il besoin de nous livrer à une minutieuse analyse de la partition de *Joseph*? Nous avons dit les faiblesses du poème, mais qu'elles importent peu si le musicien a su pénétrer et traduire la touchante et grandiose poésie du sujet, si l'amour paternel et l'amour filial, le remords, la joie, la reconnaissance, unis à un profond sentiment de la nature, ont été par lui exprimés en d'inoubliables accents! Avec *le Messie*, *Alceste*, *les Noces de Figaro*, *le Freischütz*, *Tristan*, et quelques autres chefs-d'œuvre, *Joseph* demeure éternellement jeune en sa grandeur pathétique et sa noble sérénité.

L'ouverture, avec son calme début et l'annonce de ce chant matinal que nous allons bientôt retrouver, forme un digne portique à un tel monument. L'air de Joseph, cet hymne au regret, au souvenir et au pardon, où

pleure une si poignante tendresse, enfin la romance de
Benjamin, d'une si candide fraîcheur[1], sont demeurés
présents à toutes les mémoires. Mais se rappelle-t-on
aussi bien l'expression du remords qui déchire l'âme
de Siméon ? Le frémissement des cordes, les lambeaux
de traits chromatiques qui semblent harceler le misérable, les contre-temps de l'accompagnement, enfin
l'intervention éplorée du chœur, tout concourt à dispo-
ser un tableau sonore, digne des évocations picturales
d'un Signorelli, — ce Dante de la peinture au XVᵉ siècle.

Le prélude du deuxième acte est une délicieuse pas-
torale : le quatuor, que viennent ensuite renforcer les
instruments à vent, dessine une sorte de marche, çà et
là interrompue par le *staccato* des timbales. Sont-ce
des bergers en route vers les pâturages, ou les fils de
Jacob se rapprochant de Memphis ? La fin de cet
entr'acte prépare, grâce à la tonalité d'*ut majeur*, le
chœur admirable dont les accents vont attendrir Joseph
en lui rappelant les premières émotions de son âme :

> Dieu d'Israël, père de la nature,
> Rends les moissons à nos champs,
> Rends à nos prés leur verdure
> Et sauve encor tes enfants.

[1] Cette romance fournit une preuve frappante du soin minutieux
qu'apportait Méhul au « polissage » recommandé par Boileau. La
bibliothèque du Conservatoire possède, entre autres fragments de la
partition autographe de *Joseph*, quatre versions de ce morceau. Il est
intéressant d'y suivre les transformations mélodiques, harmoniques et
instrumentales par lesquelles passa cette inspiration, si spontanée en
apparence, avant de revêtir sa forme définitive.

Il appartenait à la main qui avait tracé l'Hymne à la nuit d'*Ariodant* d'écrire cette idéale prière et cet Hymne à l'aurore. Mais quel contraste entre la volupté séductrice du premier et l'indicible pureté de celui-ci ! Les voix s'élèvent, presque seules, vers le ciel immense où n'a point encore pâli le scintillement des étoiles. Deux cors et deux trompettes murmurant les notes de l'accord parfait semblent annoncer le prochain rayon de l'aube[1]. Chant religieux, voix de la nature, effusion de la tendresse, écho du souvenir, tout cela vibre en cette page mystérieuse et sublime !

La noblesse de l'invocation de Jacob, l'allégresse du chœur populaire continuent dignement cet acte. Le dernier débute par une préface symphonique dans laquelle la flûte, le hautbois et la clarinette jouent un rôle brillant et pittoresque. Le cantique chanté ensuite par les jeunes filles et que viennent diviser à intervalles réguliers les *soli* des coryphées, rayonne de lumière et de vie ; c'est par excellence l'hymne à la nature créatrice et féconde, à la lumière, à la vie, à l'amour.

Les derniers ensembles sont dignes des situations

[1] « Dans le *piano* les sons clairs et argentins de la trompette ont une solennité mystérieuse dont peu de compositeurs ont tiré parti. » Gevaert, *Traité général d'instrumentation*. Suit, comme exemple, la reproduction du début de cette pièce. Plus tard, revenant sur le même sujet, le célèbre théoricien développe sa pensée : « C'est ainsi que de longues tenues d'octaves en *pianissimo*, associées à des tonalités majeures, ont la propriété de déterminer des impressions lumineuses, auxquelles vient se mêler je ne sais quoi de mystérieux et de solennel. Rappelons-nous l'accompagnement instrumental de l'un des plus beaux chants de l'opéra *Joseph* de Méhul. » (*Nouveau traité d'instrumentation*)

qu'ils dépeignent ; la clémence et la gratitude y sont magnifiquement exprimées. Et ainsi se termine, dans son harmonieux mélange de simplicité, de grandeur et de dignité, cet opéra — je dirais volontiers cet oratorio — qui représente dans toute sa noblesse l'esprit religieux du génie de Méhul.

Nous avons déjà pu constater le soin tout particulier qu'apportait le musicien à la partie symphonique de ses opéras : non seulement l'importance et la logique des développements, mais aussi le goût et l'originalité de l'instrumentation y apparaissent à chaque page. Nous avons signalé chemin faisant quelques-unes des ouvertures ; il convient d'en étudier trois qui, avec celle de *Joseph*, occupent dans l'œuvre entier une place considérable. Rappelons, à ce propos, que Schubert portait à ces préfaces instrumentales un intérêt extrême[1]. C'est qu'en effet celles qu'il écrivit pour *Rosamonde* et *Fierabras* sont apparentées, dans leur puissance expressive, aux préludes dramatiques de *Timoléon*, d'*Adrien* et du *Jeune Henry*.

Le premier de ceux-ci débute par de lents appels, plusieurs fois répétés, des cors, des trompettes et des trombones, début dont la solennité convient au seuil d'une tragédie antique. La partition d'orchestre indique que les deux premiers groupes de ces instruments doivent tenir leurs pavillons levés, afin de fournir une

[1] *Souvenirs du chevalier Joseph Spaun*, publiés par M. Friedlænder.

sonorité plus ample [1]. Après avoir alterné de la tonique à la dominante, les cuivres redisent obstinément cette dernière, tandis que les cordes, ayant esquissé un thème suppliant, entament un *allegro* sauvage traversé par les gammes sifflantes des violons. Puis survient un motif d'une grâce un peu mélancolique auquel ne tarde pas à succéder un farouche épisode où les accords plaqués par l'harmonie s'accompagnent des syncopes haletantes du quatuor. Suivant la poétique de l'ouverture classique, les thèmes reparaissent, et se résolvent enfin sur une brillante péroraison.

Ne nous y trompons pas : c'est bien là une véritable page symphonique et non point une simple introduction. Cette ouverture se suffit à elle-même, indépendamment de toute considération empruntée à l'action qu'elle précède. Et c'est aussi ce qui va nous apparaître, avec une évidence encore plus frappante, dans l'ouverture d'*Adrien*.

Tout d'abord les intentions descriptives de l'auteur y sont nettement indiquées. Sur le premier feuillet on lit ce mot : « La nuit », que commente et justifie ce début lent et sombre où semblent passer des plaintes et s'élever, parmi d'épaisses brumes, le gémissement inapaisé du vent. Un *crescendo* surgit, entrecoupé de cris douloureux, puis tout s'atténue et s'évanouit...

Bien que Méhul n'ait point donné d'indication ana-

---

[1] Au paroxysme de la tempête, encore une page de symphonie descriptive : dans *Mélidore et Phrosine*, nous retrouvons la même indication donnée aux cornistes.

logue pour *l'allegro* suivant, pourrait-on douter qu'il ne
dépeigne, contrastant avec l'obscurité précédente, l'ir-
ruption de la vie sous la radieuse clarté du jour ! Pré-
cédée de belliqueuses fanfares, on y croit voir une
course échevelée poursuivie au triple galop des coursiers. Un thème à la fois noble et gracieux, d'allure
Wébérienne, adoucit ensuite ce qu'une telle évocation
pourrait offrir de trop obstinément farouche, puis une
conclusion triomphante vient célébrer d'avance la gloire
du héros impérial [1].

L'ouverture du *Jeune Henry* est, à proprement parler,
un « poème symphonique », tel que nous l'entendons
aujourd'hui, d'après la signification qu'ont donnée à cette
forme musicale les belles œuvres d'un Liszt, d'un Saint-
Saëns, d'un Vincent d'Indy, d'un Richard Strauss [2].
Cette composition est en effet la reproduction orchestrale de la *Chasse*, avec son action, ses péripéties, son
décor.

[1] *Adrien* nous fournit un exemple de l'importance qu'attachait Méhul
à tous les détails de son instrumentation : Lors d'une des reprises de
cet ouvrage il écrivait au directeur de l'Opéra : « La partie grave de
votre orchestre est beaucoup trop affaiblie par les trois violoncelles qui
y manquent, pour que je puisse faire marcher les répétitions d'*Adrien*.
Plusieurs morceaux de cet opéra tirent leurs effets des basses, et ils res-
teront sans caractère si les basses que vous n'avez plus ne sont pas
remplacées avant la répétition générale. Je vous prie donc de chercher
les moyens les plus prompts pour rendre à votre orchestre la vigueur
dont j'ai absolument besoin pour faire exécuter mes intentions »

[2] Toutes proportions gardées, naturellement, et en tenant compte des
développements et complications successifs. D'ailleurs n'oublions pas
que certaines ouvertures pourraient plus justement être dénommées
« poèmes symphoniques », telles celles de *la Grotte de Fingal*, de *la
belle Mélusine* de Mendelssohn, la *Faust ouverture* de Wagner, etc.

Sans doute elle avait été musicalement illustrée, bien avant Méhul, et naturellement les cors y avaient rempli leur fonction. Chez Bach nous les trouvons associés à l'appel des chasseurs[1], et d'ailleurs les compositeurs allemands du XVIe siècle avaient déjà essayé d'imiter le galop du cerf et celui du cheval. Ce dernier inspira une symphonie à Lully, si attentif « aux bruits et aux rythmes naturels qu'il organisait musicalement après les avoir enregistrés[2] ». On trouve un petit intermède intitulé *Bruit de chasse*, dans le *Ballet des éléments*, de Destouches et Lalande, et une *Chasse* dans le *Tom Jones* de Philidor. Une « symphonie à cors de chasse de M. Rousseau, de Genève » signalée par le *Mercure*, n'a pas été retrouvée ; mais, sans parler des sonates cynégétiques de Clementi et de Dussek, contemporains du *Jeune Henry*, il ne faut pas oublier que la charmante symphonie de Haydn intitulée *la Chasse* (titre qu'en justifie seule la dernière partie), précéda de dix-sept ans l'ouverture de Méhul. Même, celle-ci lui fut directement inspirée par une autre symphonie sur le même sujet, de son ami et fervent admirateur Gossec[3]. Mais, tout cela

---

[1] « Ils apparaissent au milieu de l'air de basse par lequel débute la cantate *Siehe, ich will viel Fischer aussenden*, quand le chasseur dit : « Et après cela je veux envoyer beaucoup de chasseurs. » Ils y sonnent en accords répétés, puis reproduisent le thème du chant et redisent, en appels consonnants, les appels de la voix. » (A. Pirro, *l'Esthétique de Jean Sébastien Bach*. Voir aussi la partition des *Nozze di Teti e di Peleo*, de Cavalli 1639.

[2] L. de la Laurencie, *Lully*.

[3] C'est du *finale*, également à 6/8 dans l'une et l'autre composition, que Méhul tira son thème principal au rythme si caractéristique, avec

dit, il demeure que l'œuvre de Méhul restera comme
le type premier du poème symphonique, et la page la
plus évocatrice qu'ait fait naître le drame joué entre le
chasseur et sa proie en présence de l'impassible nature.

Tout d'abord se déploie un décor d'une poétique simplicité, — un *andante* chanté à l'unisson par la clarinette et le basson auxquels succèdent, puis viennent se
réunir les cordes : sorte de mystérieux dialogue qu'échan-
gent les feuillages et la brise. Leurs voix s'enflent
graduellement, puis se taisent, laissant s'élever un
thème délicieusement paisible émis par le quatuor,
bientôt adouci encore et comme éclairé de la voix
argentée d'une « flûte invisible ». Jamais la musique
n'a mieux évoqué, selon le vers lointain de La Fontaine,

Le fond des bois et leur vaste silence...

Loin, — très loin — un cor a sonné, puis un, puis
deux autres, achevant sur un trille leur appel estompé.
De nouveau c'est le silence. La forêt semble interroger
l'horizon. Le quatuor, après quelques chuchotements
troublés et craintifs, reprend la phrase mystérieuse, momentanément suspendue, et qu'une touche de hautbois
et surtout de basson a seulement rendue encore plus
mélancolique.

Mais derechef les cors ont résonné... Ils se rappro-
chent. Un dessin obstiné, alternativement confié au

le *Hallali* traditionnel. Cette sonnerie se rencontre déjà au XVIII⁰ siècle
dans une symphonie de Schmidt.

basson et aux altos, et scandé par les violons et les
cors, figure le galop du cheval. Des fragments de
thèmes répartis entre le hautbois, la clarinette, puis la
flûte prêtent à la continuité du rythme un intérêt mélodique. Alors tous les instruments à vent s'unissent à
une partie des violons pour entonner un motif ascen-
dant, dont l'ardeur paraît encore attisée par le *tremolo*
des autres chanterelles. Les cors doublent leur nombre,
et après un bref *diminuendo*, deux d'entre eux sonnent à
découvert une allègre fanfare, répétée et développée par
le reste de l'orchestre. Une autre sonnerie, douce et
attristée celle-là, est bientôt interrompue par la hâte
impatiente des chasseurs. On sent, avec le fabuliste,
qu'aux bois

> Le bruit des cors, celui des voix
> N'a donné nul relâche à la fuyante proie,
> Qu'en vain elle a mis ses efforts
> A confondre et brouiller la voie...

Il semble, en vérité, que les traits sinueux des violons
représentent cette lutte entre la ruse du chasseur et
celle du gibier. Peu à peu celui-ci ralentit sa fuite; des
notes plaintives du hautbois, de la clarinette, du basson
disent son angoisse désespérée... La course reprend,
prudente d'abord puis triomphante ! Un long et suprême
gémissement de l'animal traqué gémit à travers l'orchestre. Alors, avec une brusque et farouche soudaineté
éclate le *Hallali* vainqueur, lancé par les cors soutenus
du reste de l'harmonie et ensuite de la masse entière

des instruments. C'est, suivant le vers superbement sauvage de Rotrou,

Le carnage du cerf se préparant aux chiens...

Voici donc, sans réalisme brutal, sans servile imitation, un merveilleux tableau, plein de couleur, d'émotion et de vie. « Méhul n'a pourtant rien « décrit », puisqu'avec des sons il est impossible de décrire. Mais on peut, rien qu'avec des sons, donner l'éveil à l'imagination visuelle[1]. » C'est effectivement ce qu'a fait le musicien, sans exagération certes, mais en employant avec une étonnante maîtrise toutes les richesses de son imagination servies par toutes les ressources de sa technique[2].

Cependant Méhul, contrairement à ce qu'on pourrait inférer de ces précédents examens, n'a pas usé, dans ses symphonies, de ce don du pittoresque et de ce goût descriptif si appréciables dans ses ouvertures et autres parties purement instrumentales de ses opéras. De ces symphonies — n'en déplaise à Mme de Bawr et à Fétis, *quatre* et non *six* ont existé, dont deux ont été publiées. L'orchestre comprend, outre le quatuor, 2 flûtes, 2 haut-

[1] L. Dauriac, *Essai sur l'esprit musical.*

[2] Ainsi l'on doit louer l'idée qu'il avait eue de séparer, dans l'orchestre, les deux groupes des cors, dont les réponses produisent, grâce à cet artifice, un effet plus significatif. Au reste on a déjà pu remarquer qu'il traitait ces instruments avec un rare discernement. Nous en découvrons un nouveau témoignage dans *Mélidore et Phrosine*, où le héros expirant semble environné d'une lugubre atmosphère, alors que les accords en sons bouchés émanent des quatre cors écrits en trois tons différents.

bois, 2 clarinettes, 2 bassons. 2 cors et les timbales. Sans doute il est plus riche que celui de telle symphonie de Haydn *la Reine de France*, par exemple, ou de Mozart témoin *Jupiter*, mais enfin il ne renferme ni trompettes, ni trombones. Le compositeur, moins économe au théâtre ou en plein air, s'est réduit ici à la portion congrue.

Néanmoins il demande, là aussi, à être étudié. Le soin qu'il prend de dominer son imagination, l'ingéniosité des développements auxquels il se complaît, la judicieuse façon dont il combine les timbres méritent d'être considérés avec attention.

En sa 1re symphonie. en *sol mineur*, d'une excellente ordonnance. l'*allegro* initial rappelle moins Haydn qu'il ne fait présager Mendelssohn (celui particulièrement de la 1re symphonie, en *ut mineur*). Si l'*andante* languit un peu, le menuet, étincelant de *pizzicati*, est empreint d'une spirituelle amabilité, et le *finale* séduit par la verve de ses trouvailles rythmiques.

Inférieure peut-être dans son ensemble à la précédente, la 2e symphonie présente un *andante* d'une rare distinction, un charmant menuet et un *finale* complètement louable sous le triple rapport de l'invention mélodique, rythmique et orchestrale. Il convient d'y signaler, dès le commencement, l'original dessin des timbales, reproduit par tous les instruments à tour de rôle et qui clôt enfin ce morceau de la manière la plus piquante. Le talent déployé par Méhul dans ce genre de composition est aussi indéniable que l'était sa modestie, lorsqu'il disait s'efforcer à « suivre de loin Haydn et Mozart ».

Nous devons mentionner, avec l'intérêt qu'elle comporte, la *Messe solennelle* en *la bémol*, seul grand ouvrage religieux qu'ait écrit l'auteur du *Chant du départ*. Signalons-y la pureté mélodique du *Kyrie*; l'ampleur du *Gloria* que traversent, comme des élans de joie, les lumineux sillons des gammes ascendantes; louons le suave *Et in terra pax hominibus*, l'ému *Qui tollis peccata mundi* et la vigoureuse affirmation du *Quoniam tu solus sanctus*, magnifiquement commentée. Admirons le *Credo*, si fidèlement expressif, le resplendissant *Benedictus*, enfin l'émouvant *Agnus Dei*. Jamais supplications ne se montrèrent plus touchantes que celles de ces voix implorant la paix : *Dona eis pacem!* Tour à tour véhémentes et douces elles réitèrent leur prière. Un moment elles se taisent, comme lassées. Les instruments à cordes font entendre de gémissants accords descendant chromatiquement jusqu'à la tonique; les voix reprennent sans trêve le mot *pacem* et la messe s'achève sur un glorieux *crescendo*, montant toujours vers la lumière.

Après avoir considéré Méhul au théâtre et au concert, il sied d'envisager en lui l'auteur des vastes compositions chorales et instrumentales destinées aux fêtes républicaines. Son œuvre la plus grandiose en ce domaine est incontestablement le *Chant du 25 Messidor*. Trois orchestres, trois chœurs, outre les *soli* de ténors et de basses s'y unissaient ou s'y répondaient alternativement[1]. Aux instruments habituels avaient été adjoints une tuba, un buccin[2] et un tam-tam dont l'intervention exceptionnelle rehaussait la mâle vigueur de l'ensemble. De ces trois groupes deux étaient disposés au centre de la chapelle du Temple de Mars ; le dernier fut placé dans le dôme ; il représentait l'élément féminin avec tout son charme attendri. Deux harpes et un cor accompagnaient des voix de femmes chantant un hymne d'une sereine gravité dont le thème rappelle de très près le refrain du *Chant du départ*.

Ce délicieux intermède ne fait que mieux ressortir la grandeur du reste de l'œuvre. Par l'équilibre des éléments sonores, l'expressive justesse de la déclamation et la sculpturale beauté de l'harmonie, ce superbe édifice musical mérite la qualification de chef-d'œuvre.

---

[1] « Méhul rêve des chœurs de trois cent mille voix, un opéra monstrueux chanté à quatre parties par une armée de voix. » (E. et J. de Goncourt, *la Société française pendant le Directoire*.) C'est beaucoup dire ! — La Revellière-Lépeaux expliquait à sa façon les projets harmoniques du compositeur : « La première partie ferait d'abord la tonique ; la seconde, la troisième et la quatrième parties donneraient successivement la tierce, la dominante et l'octave ; après quoi ces quatre parties, reprenant simultanément, feraient les quatre notes à la fois. » *Essai sur les moyens de faire participer l'universalité des spectateurs à tout ce qui se pratique dans les fêtes nationales.*

[2] Ce sont probablement cette *tuba* et ce *buccin* qui, imités des instruments antiques copiés sur la colonne Trajane, furent employés pour la première fois en 1791, lors de la translation du corps de Voltaire au Panthéon, dans la musique écrite par Gossec sur des strophes de J. Chénier. La tuba figure également dans le *finale* du deuxième acte de *Joseph*. Un spécimen s'en trouve au Musée du Conservatoire de musique.

La brièveté du *Chant funèbre à la mémoire du représentant du peuple Féraud* contraste avec ces amples proportions. Mais il peut toutefois être nommé comme un nouveau témoignage de la surprenante souplesse du génie de Méhul. Cette noble page, si sobrement émue, si éloquemment concise, est un incomparable thrène, dans lequel la douleur s'allie harmonieusement à la beauté.

Par où pourrions-nous mieux terminer ce trop superficiel examen qu'en relisant le *Chant du départ?* Que l'on n'attende point ici le parallèle, reproduit si souvent, de ce chant avec la *Marseillaise*. Ce sont deux sublimes inspirations, et nous concéderons volontiers que celle de Rouget de Lisle, plus entraînante, plus spontanément héroïque, conserve la prééminence. L'autre, par contre, offre un caractère plus majestueux, une vigueur plus contenue, au moins dans la musique des strophes, car le refrain s'élance, ou plutôt jaillit avec une ardeur belliqueuse et fière qui ne nous paraît nullement inférieure à celle dont s'enflamme l'appel aux armes de la *Marseillaise*[1].

Nous devons noter, en les déplorant, les ravages accomplis par les éditions modernes dans les accompagnements du chant de Méhul. A l'exemple des restaurateurs qui badigeonnent les façades sculptées de nos anciens monuments, engluant de leur mieux les fines

[1] Méhul et Rouget de Lisle étaient unis par une sincère affection. Pendant l'agonie de ce dernier on l'entendit prononcer les noms de David d'Angers, de Grétry et de Méhul. V. Edmond Pilon : *La mort de Rouget de Lisle.*

STATUE DE MÉHUL A GIVET, par Croisy.

8

dentelles de la pierre, de lourds musicastres ont substitué
leurs accords massifs et leurs rythmes vulgaires à l'harmonie aérée, aux élégants mouvements de parties tracés
par leur illustre victime. Quant au beau prélude instrumental, ils l'ont généralement supprimé et remplacé
par quelque bruyante formule destinée sans doute à
réclamer le silence de l'auditoire. Là ne se bornent point
leurs déprédations, et la mélodie même a été en maints
endroits dénaturée[1]. Souhaitons, sans trop l'espérer,
que le *Chant du départ*, dans des éditions accessibles à
tous et établies d'après la partition originale, soit enfin
restitué à la France au même titre que la *Marseillaise*.

Moins populaire que celui de Rouget de Lisle, l'hymne

[1] V. Constant Pierre, *Les Hymnes et chansons de la Révolution*. Au
reste la musique du *Chant du départ* fut adaptée, par la Restauration,
aux paroles d'un cantique dont il suffira de citer le refrain :

> La religion vous appelle !
> Parmi vous faite--la fleurir.
> Un chrétien doit vivre pour elle.
> Pour elle un chrétien doit mourir.

Pareille mésaventure attendait la romance d'*Ariodant* avec le cantique :

> Reviens, pécheur, à ton Dieu qui t'appelle,

et celle de *Joseph*. Enfin, — et c'est le comble — dans *l'Affaire de Rhodez*,
*pièce de musique arrangée en pot-pourri pour le forte-piano sur des
fragments d'airs analogues à cet événement tragique* (c'est-à-dire l'as-
sassinat de Fualdès en 1817), un certain Le Mierre de Corvey, après
avoir pillé Gluck, Mozart et J.-J. Rousseau, trouva bon de leur adjoin-
dre Méhul. Quand M⁰⁰ Manson est citée devant le tribunal, son père,
pour l'engager à porter un témoignage sincère, utilise l'air de *Stratonice* :
Versez tous vos chagrins dans le sein paternel.

Une transformation d'un ordre différent sévit sur le *Chant lyrique*
écrit par Arnault et Méhul pour l'inauguration de la statue votée à Sa
Majesté l'Empereur et Roi, par l'Institut national. Les paroles con-
sacrées à la louange de Napoléon furent remplacées par d'autres destinées à célébrer Louis XVIII. C'est ainsi qu'un gouvernement vraiment
économe se garde de rien laisser perdre.

de Méhul n'en a pas moins laissé des traces profondes dans toutes les couches de la nation. « Ma mère, gaie, ouverte, curieuse », nous raconte un célèbre écrivain, « aimait plutôt la Révolution qu'elle ne la haïssait. A l'insu de ma bonne maman, elle écoutait ses chansons patriotiques. Le *Chant du départ* lui avait fait une vive impression, elle ne récitait jamais le beau vers prononcé par les mères :

De nos yeux maternels ne craignez point les larmes...

sans que sa voix fût émue[1]. »

D'autre part, Napoléon qui se plaisait à chantonner certains fragments d'airs du XVIIIe siècle et d'hymnes de la Révolution, sans parler de refrains moins sérieux et même, au passage du Niémen, de *Malbrough s'en va-t-en guerre*[2], — Napoléon fredonnait volontiers le *Chant du départ*, « et c'était là l'indice certain que de grands projets agitaient son imagination »[3].

Une nuit, alors qu'il traversait la Prusse, en marche vers la Russie, « les officiers de service qui couchaient auprès de son appartement furent stupéfaits de l'entendre chanter à pleine voix un air approprié aux circonstances, un de ces refrains révolutionnaires qui avaient mis si souvent les Français dans le chemin de la Victoire, le *Chant du départ*[4] ». Napoléon s'était donc borné

[1] Renan : *Souvenirs d'enfance et de jeunesse.*

[2] Rappelons, au sujet de cet air, que Beethoven l'a introduit dans sa *Bataille de Vittoria.*

[3] Général Thiard : *Mémoires diplomatiques et militaires.*

[4] Albert Vandal : *Napoléon et Alexandre*, d'après les *Souvenirs d'un officier polonais.*

à le bannir de ses solennités officielles, — et de fait les paroles s'en accordaient peu avec celles-ci : l'hymne glorieux continuait quand même de vibrer en sa mémoire. Par l'âme de la vieille paysanne bretonne comme par celle de l'Empereur, c'est bien toute la France qui communiait avec le génie de Méhul[1].

« J'aime la gloire avec fureur[2] », écrivait-il en 1793, dans l'éclat de sa trentième année. A-t-il obtenu ce qu'il aimait tant ? Sans aucun doute, si nous souscrivons à cette définition de Voltaire : « La gloire est la réputation jointe à l'estime ; elle est au comble quand l'admiration s'y joint. » Néanmoins, si sa musique reçut de nombreux et enthousiastes suffrages, le succès de ses opéras fut souvent, on l'a pu constater au cours de cette étude, incomplet et précaire. D'où vient cela ? Du peu d'intérêt, de l'inconsistance et parfois de la platitude des poèmes qu'il acceptait avec une trop bienveillante facilité.

« Si tous ses opéras n'ont pas réussi », nous dit fort

---

[1] Pendant les Cent Jours, le Théâtre Montansier retentissait des accents de la *Marseillaise* et du *Chant du départ*. Le soir où l'empereur assista à la représentation de la *Mort d'Hector* au Théâtre-Français, « la salle était comble. Avant le lever du rideau on demanda la *Marseillaise* et le *Chant du départ* ». Enfin, ce fut sur cet air, joué par la musique du 23e, que Vandamme, à la bataille de Ligny, lança sur les ennemis la division Lefort (V. Henry Houssaye, *1815*, t. I et II).

[2] « Son âme, à la fois tendre et forte, était ouverte à toutes les passions, et les combattait toutes, *hors celle de la gloire*. » (Arnault.) À qui lui reprocherait cette passion, ne pourrait-on pas répondre, avec Vauvenargues : « Nous avons si peu de vertu que nous trouvons ridicule d'aimer la gloire » ?

justement Cherubini. « ce n'est pas à son talent qu'on doit l'attribuer. mais à la nature du poème, car il est très rare qu'un compositeur qui a des idées, du tact. et qui sait bien manier son art, se trompe lorsque l'auteur du poème ne se sera pas trompé. De tous les temps. en France. le sort du musicien a dépendu du poète, et un excellent poème soutiendra une musique médiocre, tandis qu'une musique très belle ne fera jamais réussir un mauvais poème. »

« Pensez-vous ». disait Weber, « qu'un vrai compositeur souffrira jamais qu'on lui mette un livret dans la main comme on y mettrait une pomme? » Hélas! oui, nous le pensons, témoin Méhul qu'il admirait tant. témoin Schubert — et Weber lui-même, le jour où il accepta d'Helmine de Chézy le baroque livret d'*Euryanthe*. et de Planché celui. plus incohérent encore, d'*Oberon*.

N'exagérons rien toutefois! Ce que. dans la plupart des cas. l'auteur d'*Ariodant* eût dû exiger de ses collaborateurs. ce n'est point tant une profonde modification de leurs textes qu'un certain nombre de changements d'ordre secondaire, et notamment l'amputation de funestes longueurs. Dans le dialogue parlé les ciseaux eussent fréquemment eu lieu d'exercer leur bienfaisante chirurgie. Enfin, n'oublions pas, pour tenir la balance égale, que la collaboration d'un Hoffman compense largement celle d'un Bouilly.

Il n'est pas douteux, d'après les unanimes témoignages

de ses contemporains, que la personne de Méhul ait
reflété les qualités d'ordre, de noblesse et d'harmonie
qui caractérisent son œuvre. Bien que, selon Arnault,
« hors du monde, au milieu du monde même, il fût
tout à son art », la porte de sa tour d'ivoire s'ouvrait
facilement et fréquemment pour y laisser pénétrer ses
amis ou lui permettre de les aller retrouver. Il se plaisait
aux entretiens familiers dans lesquels son esprit vif et
juste était particulièrement goûté. Les salons féminins
le recherchaient et il y fréquentait volontiers, sa fâcheuse
expérience du mariage ne lui ayant laissé nulle rancune
à l'égard du « sexe volage ». Cependant l'âge, les
déboires, une propension native à la mélancolie qui ne
pouvait que s'en accroître, finirent par l'enlever à ces
compagnies, quels que fussent leurs efforts pour le rete-
nir, dans le monde officiel comme dans celui de l'art.

La conversation de Méhul était charmante et telle
qu'on la pouvait attendre d'un esprit cultivé, d'une âme
délicate et d'un cœur généreux. S'attachant de préférence
aux objets sérieux, elle abondait néanmoins en traits
spirituels et en fines réparties. En outre, la vive imagination du causeur le transformait souvent en un conteur
habile à captiver l'attention. D'après des souvenirs de
Mme Kreutzer un journaliste nous a laissé l'aperçu suivant de la manière du musicien lorsqu'il se livrait à ses
improvisations dramatiques, burlesques ou fantastiques :

« Il excellait surtout dans les contes de revenants, il
y produisait un effet de peur dont il était difficile de se
garantir, si averti que l'on fût... Il commençait du ton

le plus simple, il multipliait les détails les plus naturels ; on assistait en quelque sorte à l'action qu'il mettait en scène, il y faisait figurer quelquefois des personnages connus : il se servait de leurs noms pour faire croire à l'authenticité de ce qu'il avait vu... Ensuite, lorsqu'on était bien séduit, bien captivé, il entrait peu à peu dans le fantastique, si bien, si fort, qu'à l'arrivée du revenant on croyait à sa réalité » Quelquefois, procédant de façon différente, et prétendant appuyer d'un exemple une réflexion philosophique, il inventait une historiette, « on attendait le revenant, et celui-ci ne paraissant pas, on aboutissait de la façon la plus imprévue à un dénouement comique ».

Ah ! pourquoi ce fécond improvisateur, sans pour cela abandonner son ami Hoffman et quelques autres encore, ne leur a-t-il jamais fait concurrence en écrivant lui-même des livrets pour ses opéras !

On ne peut manquer d'être frappé — et touché — en considérant les expressions employées pour lui rendre justice, par les contemporains de ce grand artiste : Noblesse, générosité, intégrité, délicatesse, probité, rectitude, énergie, sensibilité, respect de soi-même, ces mots reviennent continuellement dans leurs éloges. Professeur, il portait à ses élèves une affection dont Herold, le plus illustre d'entre eux, a rendu témoignage. Un autre, Auguste Blondeau, a loué « sa parole claire, sonore, discrète, son enseignement lucide, concis, positif, la lumière même ». Arnault a bien résumé l'opinion

générale en écrivant ces lignes : « La générosité fut
habitude en lui. S'il s'agissait d'un autre, je chercherais
dans sa vie quelques traits pour le prouver; quant à
lui, je n'en connais qu'une preuve, *c'est sa vie tout
entière.* » Ajoutons que cette générosité agissait spontanément, que ce fût pour aider aux débuts du jeune
Boieldieu ou pour mettre à l'abri du besoin le vieux
Monsigny.

Il suffira maintenant d'encadrer les portraits repro-
duits d'autre part d'un bref commentaire : La taille de
Méhul était assez peu élevée, sa démarche aisée, son
regard clair, son élocution correcte et simple, sa voix
harmonieuse et profonde. Quant à la douceur de son sou-
rire, il semble qu'on en surprenne la lumineuse finesse
en se rappelant le mot du peintre Prud'hon : « Méhul
savait faire un mot charmant d'un simple *bonjour.* »

L'œuvre d'un Méhul, comme celle d'un Lully, d'un
Rameau, d'un Weber, d'un Spontini, peut subir des
éclipses plus ou moins longues, mais qui ne sauraient être
définitives. Le temps remet toutes choses en leur place :
il fera bonne justice des négociants improvisés *maestros,*
des entrepreneurs de musique inspirés par une divinité
assurément bien coupable, des spectateurs inspirés par le
snobisme et des directeurs inspirés par le veau d'or.
— Dans son testament musical, Verdi, après avoir con-
seillé aux jeunes musiciens d'étudier les maîtres, sans
pour cela les détourner d'aimer les nouvelles formes de
leur art, ajoutait cet avis suprême : « Et maintenant,

mettez une main sur votre cœur! » — Sur votre cœur, et non sur votre poche! On le voit, l'esthétique de Verdi, qui est également celle du Hans Sachs des *Meistersinger*, s'unit à celle de Méhul d'une façon assez dure pour un certain nombre de nos contemporains.

La plupart, heureusement, continuent, dans la liberté de leur évolution personnelle, la belle et féconde tradition des maîtres. Sans doute les caprices de la mode et les boniments de la réclame peuvent momentanément prêter un semblant de vie aux brutalités et aux déliquescences, aux rythmes amorphes et aux mélodies anémiques, aux retentissantes préfaces exaltant des idées absentes. Mais qu'importe après tout! Ce fatras s'écroule et disparaît dès que ressuscite ou naît un chef-d'œuvre, comme s'enfuyaient les ombres de la nuit à l'heure où s'élevaient, dans la pâleur de l'aube, les sublimes accents de la prière de *Joseph*.

CATALOGUE DE L'ŒUVRE DE MÉHUL

Euphrosine (5, puis 4, puis 3 actes), livret d'Hoffman, 1790.

Cora (4 actes), livret de Valadier, 1791.

Stratonice (1 acte), livret d'Hoffman, 1792.

Le Jugement de Paris, ballet (3 actes), livret de Gardel, 1793.

Le Jeune sage et le vieux fou (1 acte), livret d'Hoffman, 1793.

Horatius Coclès (1 acte), livret d'Arnault, 1794.

Le Congrès des rois (3 actes), livret de Demaillot, 1794, en collaboration avec Berton, Blasius, Cherubini, Dalayrac, Deshayes, Devienne, Grétry, Jadin, Kreutzer, Solié et Trial fils.

Mélidore et Phrosine, livret d'Arnault, 1794.

Timoléon, tragédie avec chœurs (3 actes), livret de M.-J. Chénier, 1794.

Doria, ou la Tyrannie détruite (3 actes), livret de Legouvé et de d'Avrigny, 1795.

La Caverne (3 actes), livret de Forgeot, 1795.

Le Jeune Henry (2 actes), livret de Bouilly, 1795.

Le Pont de Lodi (1 acte), livret de Delrieu, 1797.

Adrien (3 actes), livret d'Hoffman, 1799.

Ariodant (3 actes), livret d'Hoffman, 1799.

Épicure (3 actes), livret de Demoustier, 1800, en collaboration avec Cherubini.

La Dansomanie, ballet (2 actes), livret de Gardel, 1800.

Bion (1 acte), livret d'Hoffman, 1800.

L'Irato (1 acte), livret de Marsollier, 1801.

Une folie (2 actes), livret de Bouilly, 1802.

Le Trésor supposé (1 acte), livret d'Hoffman, 1802.

Joanna (2 actes), livret de Marsollier, 1802.

Daphnis et Pandrose, ballet (2 actes), livret de Gardel, 1803.

Héléna (3 actes), livret de Bouilly, 1803.

Le Baiser et la Quittance (3 actes), livret de Picard, Longchamp et Dieulafoi, 1803, en collaboration avec Boieldieu, Kreutzer et Nicolo.

L'heureux malgré lui (2 actes), livret de Saint-Just, 1803.

Les Hussites, drame (3 actes), livret d'A. Duval, 1804.

Les deux aveugles de Tolède (1 acte), livret de Marsollier, 1806.

Uthal (1 acte), livret de Saint-Victor, 1806.

Gabriel d'Estrées (3 actes), livret de Saint-Just, 1806.

Joseph 3 actes, livret d'A. Duval. 1807.

Persée et Andromède, ballet 3 actes, livret de Gardel. 1810.

Les Amazones ou la Fondation de Thèbes 3 actes, livret de de Jouy. 1811.

Le Prince troubadour 1 acte, livret d'A. Duval. 1813.

L'Oriflamme 1 acte, livret d'Etienne, 1814. En collaboration avec Berton, Kreutzer et Paër, livret de Baour-Lormian.

La Journée aux aventures 3 actes, livret de Capelle et Mézières. 1816.

Valentine de Milan 3 actes, livret de Bouilly, 1822, œuvre posthume, terminée par Daussoigne.

Compositions diverses.

Nous ne donnons que les principales.

Philoctète à Lemnos, paroles de J.-B. Rousseau 1782.

Le Chant du départ, paroles de M.-J. Chénier. 1794.

Hymne chanté par le peuple à la fête de Bara et de Viala, paroles de d'Avrigny. 1794.

Hymne du Neuf Thermidor, paroles de M.-J. Chénier. 1794.

Le Chant des Victoires, ou Hymne à la Victoire, paroles de M.-J. Chénier. 1794.

Chant funèbre à la mémoire de Féraud, paroles de Baour-Lormian. 1795.

Hymne à la Paix, paroles de C^me C. Pipelet. 1797.

Le Chant du retour, paroles de M.-J. Chénier. 1797.

Chant national du 14 juillet 1800, paroles de Fontanes, 1800.

Chant du retour pour la Grande Armée, paroles d'Arnault. 1808.

Cantate (pour le mariage de Napoléon avec Marie-Louise), paroles d'Arnault. 1810.

Le Chant d'Ossian (pour la naissance du roi de Rome), paroles d'Arnault. 1811.

Chant lyrique (pour l'inauguration de la statue de Napoléon), paroles d'Arnault. 1811.

Quatre symphonies à grand orchestre. 1797 à 1810.

Ouverture pour instruments à vent. 1794.

Ouverture à grand orchestre. 1794.

Ouverture burlesque.

Trois sonates pour le clavecin ou le forte-piano.

Messe solennelle à quatre voix.

Domine salvam fac rempublicam, à deux chœurs et deux orchestres.

Ode XIX, d'Anacréon.

La chanson de Roland, hymne chanté dans *Guillaume le Conquérant*, drame d'A. Duval, 1803. Plus un certain nombre de mélodies vocales.

BIBLIOGRAPHIE

Pougin (Arthur). — *Méhul, sa vie, son génie, son caractère*. (Paris, 1892.)

Cet excellent ouvrage, aussi recommandable par la sûreté de la documentation que par la justesse de la critique, est le plus beau et le plus complet monument que l'on pût élever à la mémoire du maître.

Vieillard. — *Méhul, sa vie et ses œuvres*. (Paris, 1859.)

Cherubini, *Notice sur Méhul* (publiée par A. Pougin dans la *Rivista musicale italiana*, Turin, 1909).

Quatremère de Quincy. — Notice sur Méhul, lue à l'Académie des Beaux-Arts (1818).

Neumann (W.). — *Etienne-Henry Méhul und Lud. Jos. Ferd. Hérold*. (Cassel, 1855.)

Denne-Baron. — *Etienne-Henry Méhul* dans la *Nouvelle Biographie Firmin-Didot*.

Sévelinges. — *Méhul* dans la *Biographie Michaud*).

Fétis. — *Méhul* (dans la *Biographie universelle des musiciens*, Paris, 1861).

Chouquet (G.). — *Méhul* (dans *Grove's dictionary of music and musicians*, Londres, 1895).

Massenet (J.). — Discours prononcé au nom de l'Institut pour l'inauguration de la statue de Méhul à Givet le 2 octobre 1892.

Thomas (A.). — Discours prononcé au nom du Conservatoire national de musique à la même cérémonie.

Arnault. — Souvenirs d'un sexagénaire.

Pierre (Constant). — Musique des fêtes et cérémonies de la Révolution française (Paris, 1899).

Pierre (Constant). — Les Hymnes et chansons de la Révolution (Paris, 1904).

Pierre (Constant). — Le Conservatoire national de musique et de déclamation (Paris, 1900).

Pierre (Constant). — Le Magasin de musique à l'usage des fêtes nationales et du Conservatoire (Paris, 1895).

Tiersot (Julien). — Fêtes et chants de la Révolution française (Paris, 1908).

— Lettres de musiciens écrites en français du xve au xxe siècle, publiées dans la *Rivista musicale italiana*, 1912.

Comettant (O.). — Lettres inédites de Haydn, Cherubini, Méhul, Boieldieu.

Berlioz. — Les soirées de l'orchestre (Paris, 1853).

Adam (Ad.). — Derniers souvenirs d'un musicien (Paris, 1859).

Soubies (Albert). — Les membres de l'Académie des Beaux-Arts (1re série, Paris, 1904).

Bruneau (Alfred). — La musique française, Rapport sur la musique en France, du xiiie au xxe siècle. Paris, 1901.

Bruneau (Alfred). — Musiques d'hier et de demain (Paris, 1900).

Curzon (H. de). — Musiciens du temps passé (Paris, 1899).

Nernat (abbé). — A propos d'une messe de Méhul.

TABLE DES GRAVURES

TABLE DES MATIÈRES

ÉVREUX, IMPRIMERIE CH. HÉRISSEY, PAUL HÉRISSEY, SUCCʳ

P. LAURENS
ÉDITEUR
PARIS

www.ingramcontent.com/pod-product-compliance
Lightning Source LLC
LaVergne TN
LVHW011442180726
843503LV00003BA/957